James MacDonald

Frischer Wind für Familien

7 Schlüsselworte zur Veränderung

James MacDonald

Frischer Wind für Familien

7 Schlüsselworte zur Veränderung

ISBN 978-3-89436-965-1

Titel des amerikanischen Originals:
Seven Words to Change Your Family While There's Still Time

Soweit nicht anders vermerkt, wurde die folgende Bibelübersetzung verwendet:
Revidierte Elberfelder Bibel (Rev. 26) © 1985/1991/2008 SCM R.Brockhaus im SCM-Verlag GmbH & Co. KG, Witten
Darüber hinaus wurden die folgende Übersetzungen verwenden:
- Unrevidierte Elberfelder Bibel, 1905 (UELB)
- NeÜ bibel.heute, © Karl-Heinz Vanheiden, www.kh-vanheiden.de (NeÜ)
- Die Bibel nach der Übersetzung Martin Luther in der revidierten Fassung von 1984. Durchgesehene Ausgabe in neuer Rechtschreibung. © 1984 Deutsche Bibelgesellschaft, Stuttgart (Lut)

1. Auflage
© 2012 Christliche Verlagsgesellschaft, Dillenburg
www.cv-dillenburg.de
Übersetzung: Martin Plohmann
Satz: Christliche Verlagsgesellschaft Dillenburg
Umschlaggestaltung: Christoph Ziegeler
www.pixelkraft.de
Druck: CPI Moravia Books, Pohorelice
Printed in Czech Republic

Inhalt

Vorwort

Ich bin froh, dass Gott James veranlasst hat, seine Gedanken zum Thema „Veränderung innerhalb der Familie" aufzuschreiben. Allerdings muss ich sagen, dass die Tatsache, dass er ein Familienbuch herausbringt, einer gewissen Ironie nicht entbehrt, da er selbst solche Bücher nur sehr selten liest. Jahrelang war ich diejenige von uns, die alle möglichen Bücher über Elternschaft und Ehe las. Die besten davon habe ich James gegeben, und ich warte noch immer darauf, dass er sie mit der gleichen Begeisterung verschlingt wie ich. Nein, sein Buch ist nicht deshalb glaubwürdig, weil er mit der Literatur auf diesem Gebiet vertraut ist. James ist dafür qualifiziert, über das Thema „Familienleben" zu schreiben, weil er das Wort Gottes studiert und es bei uns zu Hause umsetzen möchte. Ich darf täglich miterleben, was Außenstehende nie zu Gesicht bekommen: einen Mann, der nicht zulässt, dass aufgrund der wachsenden Anforderungen seines Dienstes das Wort Gottes in unserer Ehe und bei unseren Kindern vernachlässigt wird.

Wenn ich ein Buch über Familie lese, stellt sich mir immer wieder dieselbe Frage: Hält der Autor sich selbst an die Ratschläge, von denen er erwartet, dass ich sie annehme? Im Fall von dem vorliegenden Buch ist die Antwort ein eindeutiges Ja! James hat Grundsätze festgehalten, die bei uns zu Hause getestet und bewiesen wurden.

Ich glaube und werde dafür beten, dass Gott sie benutzt, um auch die von Ihnen geliebten Menschen zu bereichern und zu stärken. Möge Jesus Christus allein die Ehre für die Veränderungen empfangen, die sich ergeben, wenn Sie die Anregungen in *Frischer Wind für Familien* lesen, über sie nachdenken und sie umsetzen.

Kathy MacDonald

Dank

Das für mich bei Weitem schönste am Bücherschreiben ist diese Seite. Auf dieser Seite geht es um Menschen. Es ist die Seite, die sowohl den Autor als auch den Leser an das erinnert, was wir alle nicht vergessen dürfen: das Leben ist kein Alleingang oder Selbstgespräch. Das Leben ist ein Mannschaftssport, eine Familienangelegenheit, und niemand schafft es bis zur Ziellinie ohne treue Partner. Nirgendwo bewahrheitet sich das für mich mehr, als beim Schreiben eines Buches.

Dies ist mein drittes Buch über das Thema „Veränderung" und meine dritte Gelegenheit, denselben Menschen (plus einigen zusätzlichen) für ihre erneut bewiesene Treue zu danken. Ich weiß sie sehr zu schätzen. Mein Dank gilt den Leuten der *Harvest Bible Chapel,* die meinen Predigtdienst unterstützen, aus dem jedes der vorliegenden Kapitel hervorgegangen ist. Ein Dank an all unsere Freunde im *Moody Bible Institut* und bei *Moody Press;* ihr seid hervorragende Partner im Werk des Herrn. Ich danke auch Rosa Sabatino für ihre pünktliche und genaue Abschrift der Predigten von Band. Mein Dank gilt Dan Brubacher, der den mündlichen Stil der Abschriften in eine angemessene Schriftform brachte und den Details große Aufmerksamkeit schenkte. Dank an Jim Vincent bei *Moody Press* und meinen Recherche-Assistenten David Jones, die, nachdem ich mit dem Schreiben fertig war, die abschließende Bearbeitung durchgeführt und das Endergebnis stark verbessert haben. Dank an Kathy Elliott, meine persönliche Assistentin seit über dreizehn Jahren, die das ganze Team – mich eingeschlossen – bei Laune hielt und dafür sorgte, dass alles rechtzeitig zusammenkam.

Meiner Frau Kathy, die in den mittlerweile mehr als achtzehn Jahren unseres Familienlebens zu mir gestanden hat, gilt ein besonders großer Dank. Sie war meine geduldige Partnerin, während ich versuchte und scheiterte und erneut versuchte, den Inhalt dieses Buches in die Praxis umzusetzen. Und ich danke auch unseren drei Kindern Luke, Landon und Abby, die mir die Freiheit gaben, über unsere Familie zu reden, mit allen Vor- und Nachteilen. „Eine größere Freude habe ich nicht als dies, ... dass meine Kinder in der Wahrheit wandeln" (3. Johannes 4).

Ein besonderes Dankeswort geht an meine inoffiziellen Familienmentoren in all den Jahren: Cliff und Barb Talbot, Marvin und Kay Brubacher, Doug und Carolyn Schmidt, Ted und Vicki Lewis, Dave und Betsy Corning, Ron und Sherry Allchin und Joe und Martie Stowell. Zu beobachten, wie ihr in euren Familien die Botschaft des Kreuzes auslebt, hat mich zu einem besseren Ehemann und Vater gemacht und meine Familie gesegnet.

Doch in erster Linie danke ich unserem gütigen Gott, der uns Gnade und Wahrheit in vollkommener Ausgewogenheit schenkt, damit wir versuchen und scheitern und erneut versuchen können, und niemals aufhören, ihm ähnlicher zu werden und ihn so zu verherrlichen. „Wir haben seine Herrlichkeit angeschaut ... voller Gnade und Wahrheit" (Johannes 1,14b).

Einleitung

Warum haben Sie wohl zu diesem Buch gegriffen? Weil Sie merken, dass sich in Ihrer Familie dringend etwas verändern muss? Wenn das der Fall ist, sind Sie nicht allein. Das Familienleben ist das Zentrum unserer Existenz. Es ist nicht etwa ein Übungsfeld – es ist die Realität, der Ernstfall. In der Familie erleben wir die größten Freuden und das größte Leid.

Die Familie ist der Ort, an dem wir alles, was wir erworben und gelernt haben, einsetzen müssen. Sie ist nicht der öffentliche Ort, an dem wir Applaus bekommen oder Berühmtheit erlangen, es ist der private Bereich, in dem öffentliche Erfolge keinerlei Bedeutung haben. Das Familienleben kann uns erschöpfen und auslaugen, wenn wir es vernachlässigen, räumen wir ihm aber die richtige Priorität ein, ist es wunderbar und gibt uns neue Kraft.

Leider wissen die meisten von uns aus erster Hand, wie quälend das Leben sein kann, wenn es zu Hause nicht läuft – ganz gleich, wie „erfolgreich" wir auf anderen Gebieten sind. Kein Wunder, dass wir so oft an zu Hause denken. Es ist nur natürlich, sich Verbesserungen für den Bereich zu wünschen, für den es am wichtigsten ist, dafür zu beten und sich dafür einzusetzen.

All das soll sagen: Wenn Sie Ihre Situation zu Hause verbessern wollen, dann ist dieses Buch für Sie.

Ein kleines Spiel

Wie wär's mit einem kleinen Spiel? Kommen Sie schon, es macht Spaß und diese kleine Verrücktheit hat auch einen Sinn. Es ist ein Ratespiel. Ich bin kein Prophet und ich bin gewiss auch keiner von diesen billigen Hochstaplern, aber ich wette mit Ihnen, dass ich den Grund kenne, weshalb Sie dieses Buch in die Hand genommen haben. Sie fordern einen Wetteinsatz? Okay, wie wär's damit: Wenn ich den Grund nicht errate, weshalb Sie zu diesem Buch gegriffen haben, dann haben Sie die Freiheit, es ohne Zögern wegzulegen und Ihre Zeit anderweitig zu nutzen, statt sie durch das Lesen eines langweiligen Buches zu verschwenden. Komme ich jedoch darauf, warum dieses Buch Sie interessiert, dann lesen Sie es und setzen die darin dargelegten Prinzipien unter Gebet in Ihrer Familie um. Sind Sie dabei? Ich rate den Grund und Sie lesen das Buch; ich scheitere, und Sie machen, was Sie wollen. Einverstanden? Ich habe fünf Versuche. Los geht's!

Annahme 1: Sie haben Eheprobleme. Die Hoffnungen, die Sie bei der Heirat noch hatten, haben sich möglicherweise zunehmend als arbeitsintensive Sache entpuppt und das „Wow" des Ehelebens nimmt immer mehr ab – mehr, als Sie es erwartet hätten. Der über Monate und Jahre hinweg gesäte Same der Vernachlässigung wird jetzt spürbar in emotionaler Distanz und der Unfähigkeit, ohne Ärger und Missverständnisse miteinander zu kommunizieren. Vielleicht lebt Ihr Ehepartner nicht so mit Gott, wie er es sollte, und die Folgen haben Auswirkungen auf Ihre Ehe oder auf Ihre Kinder. Haben Sie dieses Buch in die Hand genommen, weil Sie wissen, dass Ihre Ehe Hilfe braucht? Wenn das der Fall ist, habe ich gute Nachrichten für Sie: Die Hilfe ist nah.

Annahme 2: Sie machen sich Sorgen um Ihre Kinder. Vielleicht sind Ihre Kinder noch sehr jung, aber schon besonders stark und eigenwillig. Beim Gedanken an die Zukunft wird Ihnen klar, dass sich etwas ändern muss, wenn sie einmal Ihre und – noch wichtiger – die Autorität des Herrn achten sollen. Möglicherweise sind Ihre Kinder aber auch bereits auf einer weiterführenden Schule, und Sie sehen Ihren Einfluss schwinden, wo Sie hofften, dass er zunehmen würde. Sie fragen sich, wo einige der Einstellungen herkommen, die Sie seit Kurzem bei Ihren Kindern beobachten, und Sie merken, dass Sie einer Konfrontation nicht länger aus dem Weg gehen können. Vielleicht sind Ihre Kinder aber auch schon erwachsen, und Sie sehen, wie sie Entscheidungen treffen, die ganz und gar nicht den Werten entsprechen, die Sie ihnen vermittelt haben. Sie möchten sich vom Herrn gebrauchen lassen, fürchten aber gleichzeitig, dass die Beziehung zu Ihren Kindern zerbricht. Haben Sie zu diesem Buch gegriffen, weil Ihre Kinder Hilfe brauchen? Auch in diesem Fall habe ich gute Nachrichten. Gottes Wort hält Antworten bereit und ich habe beim Schreiben Ihre speziellen Bedürfnisse im Sinn.

Annahme 3: Ihre Familie ist auseinandergebrochen. Haben Sie eine Scheidung hinter sich und die einzelnen Familienmitglieder gehen distanziert miteinander um und zeigen wenig Interesse aneinander? Möglicherweise sind Ihre Kinder schon erwachsen und leben so weit von Gott entfernt, dass Sie sich nicht vorstellen können, wie sie jemals den Weg zurück finden sollen. Vielleicht haben Sie selbst oder jemand, den Sie lieben, eine furchtbare Entscheidung getroffen, die verheerenden Schaden in Ihrer Familie angerichtet hat – oder sehr bald schon anrichten wird. Ist Ihre Familie auseinandergerissen, und Sie wissen nicht, was Sie tun oder wo Sie anfangen sollen? Haben Sie dieses Buch gekauft, weil Sie dringend Hilfe brauchen – möglichst sofort? Dieses Buch wird Ihnen helfen. Mehr noch: Ich glaube, dass Gott selbst es Ihnen als Antwort auf Ihre Gebete geschickt hat.

Annahme 4: Das Problem liegt außerhalb Ihres Hauses, aber innerhalb Ihres erweiterten Familienkreises. Womöglich bei Ihren Schwiegereltern, Ihren eigenen Eltern oder Ihren Geschwistern? Vielleicht sind Worte gefallen, die besser ungesagt geblieben wären. Oder noch schlimmer: Ein Riss in der Familie ist zu einem regelrechten Kommunikationsgraben herangewachsen, und Sie haben keine klare Vorstellung, wie Sie diese Kluft mit einer Botschaft der Liebe überwinden können. Entfremdung von Mitgliedern Ihres erweiterten Familienkreises kann sowohl hartnäckig als auch verwirrend sein. Wollen Sie dieses Buch lesen, weil Sie sich bessere Beziehungen zu den Familienmitgliedern wünschen, die nicht unter Ihrem Dach wohnen? Wunderbar, denn es warten einige sehr praktische Ideen auf Sie, die Ihnen zeigen, was Sie tun können, um das Eis zu brechen und den Beziehungen zwischen Ihnen und den Menschen, die Sie lieben, zu einem neuen Frühling voller Wärme und Zuneigung zu verhelfen.

Annahme 5: Ihre Not ist weniger drastisch und eher schleichender Natur. Ist das Problem weniger ein Tornado als vielmehr ein tropfender Wasserhahn? Ist es womöglich nicht ein riesiges Loch im Boden Ihres Familienschiffes, das Sie belastet, sondern sind es vielmehr die kleinen Dinge, die beständig die Freude und Erfüllung aus Ihrem Familienleben saugen? Sie brauchen keine Generalüberholung, sondern eher eine gut justierte Feineinstellung? Müssen Sie noch einmal Ihr Wissen über die Grundlagen einer gesunden christlichen Familie auffrischen? Auch an Sie habe ich gedacht! Und wenn Sie die Dinge umsetzen, um die es in den folgenden acht Kapiteln gehen wird, wird Ihr Famlienleben auf das Level gehoben werden, das Sie sich wünschen und für das Sie beten.

Veränderung ist greifbar

Gute Neuigkeiten! *Frischer Wind für Familien* will jede der oben beschriebenen Umstände deutlich verändern. Sollte ich mit der Beschreibung einer der Situationen oben bei Ihnen ins Schwarze getroffen haben, werden wir wohl einige Stunden miteinander verbringen. Ich bin mir sicher, dass Sie ein Mensch sind, der sein Wort hält. Wenn ich also Ihre Situation erraten habe, sind Sie am Zug ... richtig? (Die einzige Möglichkeit, dass ich Ihren persönlichen Grund verfehlt haben könnte, ist wohl die, dass Sie dieses Buch für einen anderen Menschen lesen, der in einer der oben genannten Notsituationen steckt, oder weil Sie ganz einfach Bücher zum Thema „Familie" mögen. Sollte Letzteres der Fall sein, würden Sie es ohnehin lesen, oder?)

Aus Erfahrung weiß ich, dass der Inhalt der kommenden Seiten jede Situation verändern kann. Ich hatte beim Schreiben ganz spezielle Nöte im Sinn, und ich glaube, dass Sie dieses Buch aus gutem Grund in die Hand genommen haben. Ich bete dafür, dass Gott dieses Buch benutzt, um für die Nöte Ihrer Familie Heilung und Wohlbefinden zu bringen, und ich glaube, er wird es tun, wenn Sie dabei bleiben und es bis zum Ende lesen. Bevor wir anfangen, möchte ich Ihnen einen Überblick über den Inhalt verschaffen. So bekommen Sie einen klaren Eindruck davon, was Sie erwartet, und erfahren, wie Sie aus dieser Gelegenheit das Beste für sich und Ihre Familie machen können.

Worte, die Veränderung bringen können

Wir werden uns im Folgenden mit sieben Worten beschäftigen, die sich in drei Gruppen einteilen lassen:

1. *Drei heilende Worte,* die Ihnen helfen sollen, den Schmerz der Vergangenheit zu überwinden und eine neue Seite im Leben aufzuschlagen, damit Sie die herrliche Zukunft, die Gott für Sie bereithält, erleben können. Diese heilenden Worte werden Ihnen und Ihrer Familie dienen und Ihnen sagen, wo Sie anfangen und „den Ball ins Rollen bringen" sollen.

2. *Drei aufbauende Worte,* die Ihnen helfen sollen, negative Gewohnheiten durch gute zu ersetzen. Zu diesen aufbauenden Worten erhalten Sie Handlungsschritte, die die Veränderungen innerhalb Ihrer Familie unterstützen. Benötigt Ihre Familie eine Feinjustierung, wird es sicherlich hilfreich sein, wenn Sie sich auf diese aufbauenden Worte konzentrieren.

3. *Ein veränderndes Wort.* Hier wird es praktisch. Sie können sich diesen Abschnitt sofort vornehmen, wenn Sie wollen, aber eigentlich passt er viel besser ans Ende als eine Art Mantel für all

die wunderbaren Dinge, die Gott für Sie und Ihre Familie tun will.

Jedes Kapitel beginnt mit einer Einführung zum jeweiligen Schlüsselwort. Anschließend folgt der Kern eines jeden Kapitels: Das Wort, um das es geht, wird anhand der Schrift untersucht, sodass es, wenn Sie es anwenden, Ihre Familie von Grund auf verändern kann. Ich habe bewusst den Satz „wenn Sie es anwenden" hinzugefügt. Bei vielen herrscht heutzutage die Vorstellung, dass schon das Hören der Wahrheit zur Veränderung führt, aber das stimmt nicht. Jakobus 1,22 sagt, wir betrügen uns selbst, wenn wir das Wort nur hören, aber nicht anwenden. Das Lesen dieses Buches hat keinen Wert, solange Sie die Prinzipien, die ich Ihnen vorstellen werde, nicht auch in Ihrem Leben umsetzen. Um Sie dabei zu unterstützen, schließt jedes Kapitel mit drei Anwendungshilfen:

1. *Ein Gebet, das Sie nach oben zieht.* Stellen Sie sicher, dass Sie das Gebet, das am Ende des jeweiligen Kapitels für Sie aufgeschrieben wurde, ernst nehmen. Betrachten Sie es nicht nur als mein Gebet, sondern nehmen Sie sich die Zeit, um niederzuknien, Gott Ihr Herz zu öffnen und im Glauben zu ihm zu kommen. Gebet ist ein Akt der Demut und Gott schenkt dem Demütigen Gnade. Er liebt es, wenn wir so beten, und wenn Sie Ihr Herz in das Gebet am Ende eines jeden Kapitels legen, wird Gott Ihnen die nötige Gnade geben, das Gelesene in die Tat umzusetzen.

2. *Überlegungen, die tiefer gehen.* So hilfreich es auch sein mag, Bücher zu lesen, so sind Experten sich doch einig, dass eine Lebensveränderung weitaus wahrscheinlicher ist, wenn Sie sich mit dem Thema selbst aktiv auseinandersetzen. Am Ende jedes Kapitels folgen daher detaillierte Fragen und Bibelstellen zum eigenen Studium. Wenn Sie das Wort Gottes so zu sich

reden lassen, wird der Heilige Geist Ihre Bereitschaft verstärken, das Gelesene auch in die Tat umzusetzen.

3. *Anregungen zur Umsetzung.* An diesem Punkt kommt's drauf an. Bis hierher waren Sie ganz allein mit all den Informationen, aber nun ist es an der Zeit, sie anzuwenden. Die letzten Sätze in jedem Kapitel geben Ihnen einen Handlungsauftrag – damit Sie die Dinge, die Sie gelesen und gelernt und über die Sie gebetet haben, in Ihrem Leben umsetzen können. Ich verspreche Ihnen, dass Ihr Leben und Ihre Familie mit hundertprozentiger Sicherheit nie wieder so sein werden wie früher, wenn Sie sich an diese Schritte halten und Ihr neu erlangtes Wissen in die Tat umsetzen.

Sind Sie bereit?

Wie haben Sie sich entschieden? Sind Sie dabei? Vergessen Sie nicht: Wäre es leicht, Veränderungen in der Familie umzusetzen, würde es jeder tun – aber das ist es nicht. Und der einzige Grund, weshalb Sie dieses Buch noch nicht aus den Händen gelegt haben, ist, dass Sie von Gott das Beste für Ihre Familie wollen. Das ist auch Gottes Wille für Sie, aber Sie müssen bis zum Ende durchhalten. Auch wenn einiges von dem, was vor Ihnen liegt, nicht leicht sein wird.

Bevor wir anfangen ...

Ich kann mir denken, dass Sie schon ungeduldig darauf warten, sich mit dem ersten der sieben Worte zu beschäftigen, aber bevor wir dazu kommen, gibt es noch ein einführendes Kapitel. Den

Worten über Veränderung muss nämlich noch ein Wort vorausgehen, ansonsten werden sie keine Wirkung erzielen. Das Wort selbst führt nicht zu Veränderung, aber es schürt den Wunsch danach. Es ist das Wort „Hoffnung". Das ist es, was Familien heute am nötigsten brauchen. Jemand hat einmal gesagt, wenn man die Hoffnung verloren habe, habe man alles verloren, und viel zu viele Familien haben ihre Hoffnung bereits verloren. Sie streben nicht nach Veränderung, sie wollen einfach nur noch überleben. Sie glauben nicht, dass Gott morgen ihr Zuhause verbessert, sie hoffen nur, morgen überhaupt noch ein Zuhause zu haben.

Vielleicht sind Sie momentan sehr mutlos, was die Nöte in Ihrer Familie angeht. Bevor wir zu den Worten der Veränderung kommen, möchte ich Ihnen Mut machen und in Ihnen einen Samen der Hoffnung pflanzen. Gott liebt Sie, und er wirkt heute, um Ihrer Familie dauerhafte Freude und Veränderung zu schenken. Genau das tut er jeden Tag in unserer Welt. In Hosea 6,3 lesen wir, dass sein Hervortreten „sicher wie die Morgenröte" ist. Gott möchte ein Wunder in Ihrer Familie tun und er will heute durch Sie damit beginnen. Solange Sie keine Hoffnung haben und nicht glauben, dass Gott Ihre Familie verändern kann und wird, ist es reine Zeitverschwendung, den Rest des Buches zu lesen. Eben deshalb fangen wir im ersten Kapitel mit dem Thema „Hoffnung" an, in Ordnung? Blättern Sie um und vertrauen Sie Gott, dass er Ihnen neue Hoffnung schenkt.

Kapitel 1 // Hoffnung für die Familie

Überall wird über die Familie geredet. Auf Feiern, im Gespräch mit Nachbarn am Gartenzaun, am Arbeitsplatz – überall sprechen Menschen über ihre Familien. Tragischerweise sind viele dieser unzähligen Gespräche voller Hoffnungslosigkeit.

Als Pastor höre ich häufiger, als mir lieb ist, Sätze wie die folgenden: „Ich glaube einfach nicht, dass sich in meiner Ehe noch etwas tut!", oder: „Mein Sohn hat sich so weit entfernt – ich halte es für unmöglich, dass er noch einmal den Weg zurück findet!", oder: „Wenn Sie meine Schwester kennen würden, würden Sie verstehen, warum die Art von Beziehung, die ich mir zu ihr wünsche, unmöglich ist!", oder: „Ich habe versucht, meiner Mutter näher zu kommen, aber es tut einfach zu sehr weh! Einen weiteren Versuch verkrafte ich nicht mehr."

In Augenblicken der Verzweiflung sagen wir alle schon mal Dinge, die wir später bereuen und über die wir dann womöglich sagen: „Ich habe das nicht so gemeint; ich weiß nicht, wie ich so etwas sagen konnte." Aber in Wirklichkeit wissen wir, dass die Worte aus unserem tiefsten Inneren kommen.

In Matthäus 12,34 lehrte Jesus, dass „der Mund aus der Fülle des Herzens redet." Wenn das Herz der Ort ist, an dem unsere wahren Gefühle aufbewahrt sind, dann sind die Herzen vieler Menschen mit Verzweiflung über ihre Familien erfüllt – mit Angst davor, dass sich die Dinge nie ändern, und dem Gedanken, dass ein weiterer Versuch eine Kehrtwende herbeizuführen, ohnehin zum Scheitern verurteilt ist.

Das ist für jeden eine traurige Situation, aber besonders für Menschen, die Christus nachfolgen. Schließlich beten wir den allmächtigen Gott an, der sagt: „Ich mache das Unmögliche möglich!" Er ist derjenige, der sagte: „Rufe mich an, dann will ich dir antworten und will dir Großes und Unfassbares mitteilen, das du nicht kennst" (Jeremia 33,3). Gott hat immer wieder zu verstehen gegeben: „Wenn die Lage verzweifelt scheint, wenn eine Lösung unmöglich scheint, wenn es so aussieht, als gäbe es keinen Ausweg – dann rufe mich an; ich werde dir antworten!"

In den folgenden Kapiteln wird es darum gehen, was Sie tun können, um Gottes verändernde Kraft in Ihrer Familie zu erfahren. Allerdings hat es wenig Sinn weiterzulesen, wenn Sie nicht daran glauben, dass Ihre Familie sich tatsächlich verändern kann. Ohne Hoffnung vergeuden Sie Ihre Zeit, und das werden Sie nicht wollen, oder? Daher ist das Ziel dieses Kapitels, dass Gott Hoffnung in Ihrem Herzen weckt – Hoffnung, dass die besten Tage nicht hinter Ihnen liegen, sondern die glücklichste Zeit für Ihre Familie noch vor Ihnen liegt. Hoffnung ist die tief empfundene Zuversicht, dass die freudigsten Augenblicke in unserer Ehe und mit unseren Kindern und Enkelkindern nicht im Rückspiegel zu finden sind, sondern direkt hinter der nächsten Ecke. Wenn ich wirklich glaube, dass die großartigsten Tage meiner Familie noch in der Zukunft liegen, habe ich Hoffnung.

Gottes Wort verheißt Hoffnung

Die Bibel hat so viel über Hoffnung zu sagen. Hier nur einige Stellen, die Gott oft nutzt, um die Hoffnung im Ofen meines Herzens anzufachen:

Was bist du so aufgelöst, meine Seele, und stöhnst in mir? Harre auf Gott! – denn ich werde ihn noch preisen für das Heil seines Angesichts!
Psalm 42,6

Nur auf Gott vertraue still meine Seele, denn von ihm kommt meine Hoffnung.
Psalm 62,6

Denn meine Hoffnung bist du, Herr; HERR, meine Zuversicht von meiner Jugend an.
Psalm 71,5

Ich hoffe auf den HERRN, meine Seele hofft, und auf sein Wort harre ich.
Psalm 130,5

Hoffnung ist da für deine Zukunft, spricht der HERR, und deine Kinder werden in ihr Gebiet zurückkehren.
Jeremia 31,17

Denn alles, was früher geschrieben ist, ist zu unserer Belehrung geschrieben, damit wir ... Hoffnung haben.
Römer 15,4

Hoffnung kann geraubt werden

Um Ihnen Hoffnung für die Veränderungen zu machen, die vor Ihnen liegen, reicht es nicht, Ihnen eine feurige Motivationsrede zu halten. Es ist wichtig, dass wir auch darauf schauen, was die Hoffnung auf Veränderung in unseren Familien geraubt hat. Vertrauen Sie mir: Die Botschaft der Hoffnung kommt, aber zuerst müssen wir verstehen, warum unsere Hoffnung so häufig von unseren familiären Problemen unterwandert wird.

Es sind nicht die Schwierigkeiten am Arbeitsplatz oder in der Gemeinde, die uns unsere Hoffnung rauben, es sind leidvolle

Erfahrungen innerhalb der Familie. Kein Leid ist mit dem in der Familie zu vergleichen. Diese Verletzungen sind die schwersten, sie gehen am tiefsten und halten am längsten an. Grund kann die Sünde eines „verlorenen Sohnes“ oder der Verlust eines geliebten Menschen sein.

Ich habe vor Kurzem selbst eine solche Erfahrung gemacht. Im vergangenen Sommer starb meine Großmutter sehr plötzlich durch einen Autounfall. Sie war 86 Jahre alt und der geistliche Eckpfeiler unserer Familie. Sie und mein Großvater fanden mit Anfang dreißig zum Glauben und führten anschließend meinen Urgroßvater zu Christus. Über fünfzig Jahre lang folgte meine Großmutter Christus nach und studierte sein Wort, aber vor allem betete sie. Sie war eine Frau des Gebets, wie ich keine andere kannte.

Wie oft bin ich zu ihrem großen Farmhaus gegangen und habe in diesem besonderen Zimmer gesessen ... In diesem Zimmer standen vor einem großen Panoramafenster zwei Stühle einander gegenüber. Wenn wir dort saßen, streckte Großmutter für gewöhnlich ihre beiden Arme aus und nahm meine Hände, dann schloss sie die Augen und betete zum Herrn für mich und später dann nannte sie dem Herrn konkrete Gebetsanliegen in Bezug auf meine Frau und meine Kinder. Während sie fünf, zehn und sogar fünfzehn Minuten ohne Unterbrechung betete, öffnete ich irgendwann unweigerlich meine Augen und konnte sehen, wie ihr Tränen die Wange hinunterliefen. (Aufgrund einer Krankheit in ihrer Kindheit hatte meine Großmutter nur ein Auge.) Ich kann mich an unzählige solcher Gebetszeiten erinnern.

Nach ihrer Totenwache ging unsere ganze Großfamilie zu ihrem Haus und versammelte sich in diesem Gebetszimmer. In dem Raum stehen mehrere antike Kommoden und Tische mit jeweils einer oder mehreren Schubladen. Wir sahen die Schubladen durch und stellten fest, dass sie randvoll mit Papierzetteln waren. Auf jedem stand neben einem Datum ein ausführliches Gebet. Sie alle hatte meine Großmutter in diesem Zimmer für unsere Familie gebetet. Es ist naheliegend, dass ich nach meinem Namen suchte und mich fragte, wofür Großmutter in diesem oder jenem Jahr gebetet hatte. Ich fand schnell mehrere Zettel mit meinem Namen und bestimmten Lasten, die ich in den vergangenen Jahren mit mir getragen hatte. Die meisten von ihnen hatte ich schon längst vergessen, aber Großmutter hatte den Herrn daran erinnert. Dort lagen lauter spezielle Gebete für jedes ihrer Kinder und den jeweiligen Ehepartner und inbrünstige Gebete für all ihre Enkel und Urenkel.

Was für ein Gebetsvermächtnis! Ich bin mir sicher, die Ewigkeit wird viel mehr aufdecken, als ich je erkennen kann, dass die Frucht in meinem Leben – sofern es überhaupt nennenswerte Frucht darin gibt – viel weniger meinen eigenen Anstrengungen zuzuschreiben ist als vielmehr der Treue meiner Großmutter.

Ihr Tod war also ein großer Verlust. Es gibt keinen Schmerz in der Welt wie diese Art Schmerz. Er trifft uns im tiefsten Inneren unseres Wesens und führt uns in die Versuchung, an der Güte Gottes zu zweifeln. Leid innerhalb der Familie greift unsere Hoffnung an und versucht, unsere Herzen mit Verzweiflung zu erfüllen, wie nichts anderes.

Die Dinge haben sich nicht groß verändert

Sie haben Ihre ganz eigene Geschichte. Sie wissen selbst, dass uns niemand so sehr verletzen kann wie die Menschen, mit denen wir unter demselben Dach wohnen. Das war zur Zeit der Bibel schon genauso wie heute. Nehmen wir König David als Beispiel. Am Ende seines Lebens hatte er eine Menge Höhen und Tiefen hinter sich. Er hatte Goliat, den Kämpfer der Philister, besiegt, von König Saul jedoch wurde er verfolgt. Nach Sauls Tod wurde er

König und errang große Siege mit dem israelischen Heer. Später jedoch beging David Ehebruch mit Batseba und der allmächtige Gott konfrontierte ihn durch den Propheten Nathan mit seiner Sünde. David hatte viel durchgemacht, aber sein größtes Leid lag noch vor ihm.

Wenn die Familie die größte Zielscheibe in unserem Herzen ist, dann sind unsere Kinder das Schwarze in ihrer Mitte. Niemand – und ich meine wirklich *niemand* – kann Ihnen so große Schmerzen zufügen wie Ihre eigenen Kinder. David musste das am eigenen Leib erfahren, als sein Sohn Absalom sich gegen ihn wandte und rebellierte. Die ganze Geschichte ist so schäbig und abartig, dass sie gut als Drehbuch einer Seifenoper dienen könnte. Alles begann damit, dass Absalom seinen Halbbruder ermordete, weil dieser seine Schwester Tamar vergewaltigt hatte. Später wurde Absalom eifersüchtig auf die Beliebtheit seines Vaters; er wiegelte seine treuesten Ratgeber gegen ihn auf und jagte David nicht nur vom Thron, sondern auch aus der Stadt Jerusalem.

So war David allein im Exil, während die verstreuten Überreste seines Heeres seinen eigenen Sohn zu besiegen versuchten. Das tat weh!

In 2. Samuel 18 lesen wir von zwei Boten, die sich dem vertriebenen König nahten, um ihm die Neuigkeiten vom Kampf zu berichten. Der erste von ihnen fürchtete sich vor dem Zorn des Königs und lieferte einen ungenauen Bericht ab. Daraufhin fragte David den zweiten Boten, einen Kuschiten: „Ist der Junge, mein Absalom, unversehrt?“ (Vers 32). Der Kampf war ihm nicht so wichtig, ebenso wenig wie der Sieg oder sein Thron. Was er unbedingt wissen wollte, war: „Geht es meinem Sohn gut?“ Wenn man die Geschichte liest, möchte man David fragen: „Meinst du den Sohn, der gegen dich gekämpft hat? Meinst du die Person, die dich auf der Stelle töten würde, hätte sie nur die kleinste Chance dazu?“

Der Kuschit antwortete: „Wie dem Jungen, so möge es den Feinden meines Herrn, des Königs, ergehen und allen, die sich gegen dich zum Bösen erhoben haben!" Vorsichtig, aber doch unmissverständlich brachte er zum Ausdruck, dass Davids treuloser Sohn Absalom tot war.

Während sie auf Davids Reaktion warteten, hielten die beiden Boten ganz gewiss den Atem an. Im nächsten Vers heißt es: „Da schrak der König zusammen, und er stieg hinauf ins Obergemach des Torgebäudes und weinte. Und so rief er im Gehen" – können Sie sehen, wie er auf und ab geht und mit den Händen ringt? – „Mein Sohn Absalom! Mein Sohn, mein Sohn Absalom! Wäre ich doch an deiner Stelle gestorben! Absalom, mein Sohn, mein Sohn" (2. Samuel 19,1)! Wie erklären Sie sich, dass David, der harte Kämpfer, über die endgültige Niederlage seines Erzfeindes weint wie ein Baby? Ganz einfach: Dieser Feind war sein eigenes Fleisch und Blut und es gibt keinen größeren Schmerz als „Familienschmerz". Die Menschen, die wir am meisten lieben, sind auch diejenigen, die uns am meisten verletzen können.

Ein weiteres biblisches Beispiel für „Familienschmerz"

Die Bibel versucht nicht, die schmerzvollen Erfahrungen von Familien schönzufärben. Erinnern Sie sich an Noah, den Mann des Glaubens? Nach der Flut legte er einen Weinberg an und betrank sich. In 1. Mose 9,21 wird berichtet, dass er nackt in seinem Zelt lag. Warum? Das wird uns nicht gesagt, wir können es nur vermuten. Sein Sohn Ham fand ihn und sah seine Blöße. Doch statt ihn zuzudecken, um ihm einen Rest an Würde zu bewahren, ging Ham zu seinen Brüdern und erzählte ihnen davon (Vers 22). Als Noah erfuhr, was Ham getan hatte, wurde er wütend und verfluchte Hams Sohn Kanaan (Vers 24–25).

Eli war ein Priester im Tempel des Herrn. Die Bibel sagt uns, dass er als Vater ein solcher Versager war, dass seine eigenen Söhne von den Opfergaben stahlen und mit den Frauen schliefen, die am Eingang des Zeltes der Begegnung standen. 1. Samuel 2,12 bezeichnet sie als „ruchlose Männer, (die) den HERRN nicht erkannt hatten." Wie viel Kummer muss es Eli bereitet haben, dass er sein ganzes Leben lang Gott diente und dennoch seine eigenen Kinder verlor! Familienschmerz.

Der Prophet Hosea, den Gott berufen hatte, um durch ihn zu reden, heiratete eine Frau, die zu einer Prostituierten wurde. Gomer schlief praktisch mit jedem Mann, den sie finden konnte, und bot so ein Bild für Israels Untreue gegenüber Gott. Sie bekam zwei Kinder. Das erste Kind wurde Jesreel genannt, „denn nur ein Weilchen noch, dann suche ich die Blutschuld von Jesreel am Haus Jehu heim und mache dem Königtum des Hauses Israel ein Ende", sagte Gott. Das zweite Kind sollte Hosea Lo-Ruhama nennen, was „Nicht Erbarmen" heißt. Stellen Sie sich nur einmal vor, wie der treue Prophet Gottes anderen seine Kinder vorstellte, mit dem Wissen, welche Bedeutung ihre Namen hatten."

Das bricht einem das Herz! Die Bibel retuschiert keine unschönen Stellen und einige ihrer traurigsten Verse schildern Familiensituationen. Die Geschichten ähneln denen in unserem Leben und sie verkünden die Wahrheit: Kein Leid ist so groß wie das Leid innerhalb der Familie.

Die Statistik lügt nicht

Familienprobleme sind heute so weit verbreitet, dass man sie kaum beschreiben muss, aber hier sind dennoch ein paar Zahlen aus aktuellen Untersuchungen:

- 34 Prozent der verheirateten Paare in den Vereinigten Staaten sind mindestens einmal geschieden worden.[1]

- 90 Prozent der geschiedenen Christen berichten, dass ihre Scheidung nach der Bekehrung erfolgte.[2]

- Ein populäres Magazin fragte seine Leser: „Was hätten Sie lieber: Wöchentlich fünf Stunden mehr mit Ihrer Familie oder zehntausend Dollar im Jahr?“ 83 Prozent entschieden sich für das Geld.[3]

- Bei Frauen zwischen 15 und 44 Jahren ist häusliche Gewalt die häufigste Ursache für Verletzungen. Leider ist die Gemeinde nicht immun dagegen. Fasst man die Studien zusammen, so stellt man fest, dass zehn von sechzig Frauen, die einer Gemeinde angehören, zu Hause beschimpft werden, und drei von diesen zehn werden körperlich misshandelt.[4]

- Mehr als ein Viertel der amerikanischen Kinder – nahezu 17 Millionen – leben nicht mit ihren Vätern zusammen.[5]

- Fast jedes dritte in den Vereinigten Staaten geborene Kind hat eine ledige Mutter.[6]

- Das Nationale Zentrum für Sucht und Drogenmissbrauch hat Hunderte von Kindern im Alter von 12 bis 17 Jahren befragt und herausgefunden, dass nur 25 Prozent von ihnen ein Zuhause hatten, in dem die Eltern Regeln aufstellten und durchsetzten. Drei von vier Kindern leben in einem Zuhause ohne Regeln, ohne Richtlinien, ohne Termine, ohne festgelegte Ausgangszeiten. Und daraus entstehen alle Statistiken, die sich auf jede Art von Störung beziehen – von Langzeittherapien über Drogenmissbrauch bis hin zu kriminellen Aktivitäten von Erwachsenen.[7]

Wer ist schuld an all diesem Leid?

Jetzt wissen wir, was unseren Herzen die Hoffnung raubt, aber was ist die Ursache für all diese familiären Nöte? Ganz klar, jede Familie hat Leid zu tragen. Aber warum ist das so? Wenn das Leid in den Familien das ist, was unseren Herzen die Hoffnung nimmt, wo kommt es her? Auch wenn es offensichtlich ist, sage ich Ihnen, dass all dieses Leid entweder eine direkte oder indirekte Folge von *Sünde* ist.

Am Anfang

Familienprobleme hat es nicht von Anfang an gegeben. Gott erschuf das ganze Universum. Er sprach und alles war da – von den Planeten und Sternen bis hin zur Erde selbst, ebenso wie alle Pflanzen und Tiere, die auf ihr beheimatet sind –, und es war gut (1. Mose 1,25). Dann kam er zum krönenden Augenblick der Schöpfung und sagte:

„Lasst uns Menschen machen in unserm Bild, uns ähnlich! Sie sollen herrschen über die Fische des Meeres und über die Vögel des Himmels und über das Vieh und über die ganze Erde und über alle kriechenden Tiere, die auf der Erde kriechen!"
Und Gott schuf den Menschen nach seinem Bild, nach dem Bild Gottes schuf er ihn; als Mann und Frau schuf er sie. Und Gott segnete sie, und Gott sprach zu ihnen: „Seid fruchtbar und vermehrt euch, und füllt die Erde, und macht sie euch untertan."
1. Mose 1,26–28

Adam und Eva lebten in perfekten Umständen! Es gab keinerlei Leid im Garten Eden, am wenigsten familiäres Leid. Da es keine Sünde gab, hatten sie eine ideale Beziehung zu Gott und zueinander. Sie besaßen sozusagen eine Fünf-Sterne-Unterkunft, hatten täglich Essen auf dem Tisch und mussten nur ein bisschen Arbeit erledigen.

Morgens standen Adam und Eva auf und fragten einander: „Was willst du heute tun?“ Adam meinte dann: „Lass uns fruchtbar sein und uns vermehren. Diese Aufgabe liebe ich!“, worauf Eva einwandte: „Solltest du nicht eigentlich den Tieren Namen geben?“ (Die Dinge haben sich seitdem nicht groß geändert, nicht wahr?) Aber das Wichtige hier ist, dass es kein Leid gab. Diese erste Familie lebte in vollkommener Harmonie.

Schritt für Schritt in die Sünde

In 1. Mose 3 änderte sich jedoch alles, und als geistliche Nachkommen von Adam und Eva leben wir auch heute noch mit den Konsequenzen. In 1. Mose 3,1 lesen wir: „Und die Schlange war listiger als alle Tiere des Feldes, die Gott, der HERR, gemacht hatte; und sie sprach zu der Frau: Hat Gott wirklich gesagt: Von allen Bäumen des Gartens dürft ihr nicht essen?“ *Hier wird Gottes Wort zunächst infrage gestellt.* Das ist der erste Schritt abwärts in jeder Familie. Wir sagen: „Ich weiß, was Gott gesagt hat, aber hat er es wirklich so gemeint?“ Wir stellen die klaren Aussagen Gottes infrage.

In den Versen 2–3 lesen wir dann: „Da sagte die Frau zur Schlange: Von den Früchten der Bäume des Gartens essen wir; aber von den Früchten des Baumes, der in der Mitte des Gartens steht, hat Gott gesagt: Ihr sollt nicht davon essen und sollt sie nicht berühren, damit ihr nicht sterbt!“ Der zweite Schritt abwärts ist *eine verfälschte Darstellung seines Wortes.* Gott hatte nämlich nie gesagt, dass sie die Frucht nicht berühren sollten; er sagte nur, sie dürften sie nicht essen. Sie konnten alles mit ihr machen, was sie wollten, nur eins nicht: sie essen. Es ist enorm wichtig, Gottes Wort richtig zu verstehen! Wir bekommen große Schwierigkeiten, wenn wir es verfälschen und Gott Worte in den Mund legen, die er gar nicht gesagt hat.

Von da an ging es schnell bergab. „Da sagte die Schlange zur Frau: Keineswegs werdet ihr sterben! Sondern Gott weiß, dass an dem Tag, da ihr davon esst, eure Augen aufgetan werden und ihr sein werdet wie Gott, erkennend Gutes und Böses“ (Vers 4–5). Vielleicht sagte Eva sich: „Moment mal, ich dachte, Gott hätte gesagt, wir würden sterben.“ Aber der Teufel erklärte ihr: „Nein, ihr werdet nicht sterben!“ *Gottes Wort wurde geleugnet* – der dritte Schritt.

Wir sorgen dafür, dass es unserer Familie richtig schlecht geht, wenn wir zulassen, dass Gottes Wort infrage gestellt, verfälscht und geleugnet wird.

Der letzte Schritt ist, dem *Wort Gottes ungehorsam zu sein*. Lesen Sie Vers 6: „Und die Frau sah, dass der Baum gut zur Speise und dass er eine Lust für die Augen und dass der Baum begehrenswert war, Einsicht zu geben; und sie nahm von seiner Frucht und aß, und sie gab auch ihrem Mann bei ihr.“ Erkennen Sie die alles entscheidenden Worte in diesem Vers – *„bei ihr“?* Wie konnte bloß die Vorstellung entstehen, dass Adam nicht anwesend war, als all das passierte? Er stand direkt neben Eva und sie sündigten gemeinsam. „... sie gab auch ihrem Mann bei ihr, und er aß. Da wurden ihrer beider Augen aufgetan, und sie erkannten, dass sie nackt waren; und sie hefteten Feigenblätter zusammen und machten sich Schurze“ (Vers 6–7).

Großes Leid für die Familie

Sünde kam in die Welt und mit ihr das Leid in die Familie. Adam und Eva waren den direkten Anweisungen Gottes ungehorsam und die Konsequenzen für die Familie folgten augenblicklich: *eine zerbrochene Beziehung zu Gott* (sie versteckten sich); *Scham* über sich und ihre Körper (sie bedeckten sich); und *Beziehungskonflikte* (sie gaben sich gegenseitig die Schuld). Gottes Gericht brachte Leid in die Familie: in Bezug auf die Geschlechterrollen, in Bezug auf die Arbeit des Mannes und in Bezug auf das Kinderkriegen der Frau. Und alles Leid innerhalb von Familien – von jenem Tag an bis heute – resultiert aus ihrer Entscheidung für die Sünde.

Ich weiß, dass manche Männer und Frauen, die das lesen, sich in ihrer Ehe einsam fühlen. Sie denken: *Das ist es nun? Dafür habe ich geheiratet? Das erwartet mich jetzt für den Rest meines Lebens?* Unaufmerksame Ehemänner. Unbeteiligte Ehefrauen. Distanzierte Beziehungen. Man fühlt sich allein und leidet meistens im Stillen.

Vielleicht sind Sie als Paar aber auch stark, jedoch die Entscheidungen Ihrer Kinder brechen Ihnen das Herz. Bei anderen sind es die finanziellen Belastungen. – „Um *wie viel* hast du dein Konto überzogen? Du willst mich wohl auf den Arm nehmen?!"

Wenn ich mich mit Familien treffe und ihnen zu helfen versuche, denke ich oft: *Wie kommt ein Mensch nur dazu, das zu tun?* Die Antwort ist klar und einfach: Es ist die Sünde. Es ist der Gedanke, dass Dinge uns glücklicher machen als Gott.

Vielleicht hat Untreue Wunden in Ihrer Familie hinterlassen. Vielleicht war es auch Drogenmissbrauch, sexuelle Abhängigkeit oder Schlimmeres. Möglicherweise sind es auch nur Tausende kleiner Dinge, die so viel besser sein könnten und sollten. Und wenn Sie die Wahrheit erfahren, fragen Sie sich: „Kann irgendetwas davon jemals anders werden?"

Hoffnung beginnt direkt hier

Hoffnung fängt damit an, dass ich meine Familienprobleme als *Sünde* benenne. Solange wir nicht bereit sind, die Schwierigkeiten bei uns zu Hause beim Namen zu nennen – meine Sünde, mein Versäumnis, mein Ausweichen von Problemen, meine Weigerung, entsprechend dem Wort Gottes zu leben –, werden wir nicht Gottes Gnade zur Veränderung erleben. Solange wir als *Schwäche* bezeichnen, was Gott *Eigensinn* nennt, werden wir seine Gnade nicht erfahren. Solange wir *Missgeschick* nennen, was Gott *Abscheulichkeit* nennt, werden wir sein Wohlwollen einbüßen. Solange wir etwas als *unüberlegte Handlung* bezeichnen, was Gott *Sünde* nennt, werden wir Gottes Segen verlieren.

Wir müssen bereit sein, die hässliche Sache – was immer es auch ist – auf den Tisch zu legen und sie ehrlich und offen anzusehen und zu sagen: „Du hast recht, Gott. Es ist genau das, was du gesagt hast. Es ist Sünde! Meine Familie leidet, weil wir deine Gesetze gebrochen und deine Gunst verspielt haben." Erst dann werden wir Gottes lebensverändernde Kraft erfahren.

Es gibt eine gute Nachricht

Möchten Sie eine gute Nachricht hören? Hier ist sie: Gott kann Ihre Familie von der Sünde reinigen. Die Verletzungen in Ihrer Familie können geheilt werden, wenn Sie bereit sind, den Grund dafür anzuerkennen, und auf Gottes Weise damit umgehen.

Sie meinen, Ihre Familie hat Probleme? Sie glauben, Sie alle brauchen Beratung und Hilfe? In Jesaja 1 war die Familie Gottes so weit vom Weg abgekommen, wie es nur geht – so weit, dass Gott selbst von seinen Kindern desillusioniert war. Der Prophet Jesaja hält Gottes Gedanken über seine Familie fest. Lassen Sie mich nur ein paar Tiefpunkte aus dem ersten Kapitel zitieren: „Ich habe Kinder großgezogen und auferzogen, sie aber haben mit mir gebrochen. ... Mein Volk hat keine Einsicht" (Vers 2–3). Gott beschreibt seine Kinder als ein „Geschlecht von Übeltätern, Verderben bringende Kinder! Sie haben den HERRN verlassen ... [und] den Heiligen Israels verworfen" (Vers 4).

In Vers 5 fragt Gott dann: „Wohin wollt ihr noch geschlagen werden, die ihr eure Widerspenstigkeit nur vermehrt?" – Mit anderen Worten: „Ich musste euch so oft schlagen, um euch zurechtzubringen, dass ich nicht mehr weiß, wohin ich euch noch schlagen soll!" – „Das ganze Haupt ist krank, und das ganze Herz ist siech. Von der Fußsohle bis zum Haupt ist keine heile Stelle an ihm: Wunden und Striemen und frische Schläge" (Vers 5–6).

Gott hat genug davon! In Vers 13 sagt er: „Bringt nicht länger nichtige Speisopfer!", und in Vers 15 fügt er hinzu: „Und wenn ihr eure Hände ausbreitet, verhülle ich meine Augen vor euch. Auch wenn ihr noch so viel betet, höre ich nicht."

Sie meinen, die Lage sieht schlecht aus? Es scheint keine Hoffnung mehr zu geben? Dann hören Sie zu, was Gott in Jesaja 1,18 sagt, wo er sich liebevoll nach seinen widerspenstigen Kindern ausstreckt: „‚Kommt denn und lasst uns miteinander rechten!', spricht der HERR. ‚Wenn eure Sünden rot wie Karmesin sind, wie Schnee sollen sie weiß werden. Wenn sie rot sind wie Purpur, wie Wolle sollen sie werden.'" Wow! Es ist dieselbe Haltung, die sich in 2. Mose 34,6–7 zeigt: „Jahwe, Jahwe, Gott, barmherzig und gnädig, langsam zum Zorn und reich an Gnade und Treue, der Gnade bewahrt an Tausenden von Generationen, der Schuld, Vergehen und Sünde vergibt." Es ist dieselbe Haltung Gottes, die Micha veranlasst zu rufen: „Wer ist ein Gott wie du, der Schuld vergibt und Vergehen verzeiht dem Rest seines Erbteils! Nicht für immer behält er seinen Zorn, denn er hat Gefallen an Gnade" (Micha 7,18).

Ich rede von einem Gott, der liebt und vergibt und der den Schmerz in Ihrer Familie heilen will – sogar mehr, als Sie es selbst wollen. Voraussetzung ist aber Ihr ehrliches Eingeständnis: „Gott, ich brauche deine Reinigung und Vergebung." – „Ich war nicht die Ehefrau, die ich hätte sein sollen." – „Ich war nicht der Sohn, der ich deinem Willen nach hätte sein sollen, Gott." – „Ich war nicht die Tochter, die ich hätte sein sollen. Ich habe meine Eltern verletzt und möchte es jetzt wieder in Ordnung bringen."

Niemand will glauben, dass Sünde das Problem ist

Vielleicht sagen Sie: „Ich bin ein Sünder, daran gibt es keinen Zweifel, aber ich erkenne einfach nicht, wie es die Situation in meiner Familie ändern soll, wenn ich mit Gott ins Reine komme. Es liegt einfach zu viel im Argen!" – Hier mein Vorschlag: Heutzutage wird viel zu viel Unsinn über das Thema „Familie" geschrieben. Wenn ich noch einmal jemanden sagen höre, dass das größte Problem in der Ehe die Kommunikation ist, bekomme ich zu viel! Alle sagen, die *Frucht* sei das Problem, während das Übel in Wahrheit stets dieselbe *Wurzel* hat: die Sünde. Sie sagen: „Mein Ehemann hat einfach keine Ahnung, wie man miteinander kommuniziert." Aber er trifft sich mit seinen Freunden und redet mit ihnen stundenlang über Sport! Sein Problem ist nicht die Kommunikation, es ist sein Stolz. Der Stolz bringt Männer dazu, ihre Frauen emotional verhungern zu lassen und ihre Bestätigung am Arbeitsplatz oder bei ihren Freunden zu suchen. Es ist nicht so, als wüssten wir Männer nicht, *wie* man redet; es ist der Stolz, der uns davon abhält, uns zu öffnen, uns verletzbar zu machen und Liebe zu geben.

Hoffnung für die Familie fängt da an, wo wir das Problem an der Wurzel packen, und die ist immer dieselbe: Sünde.

Sie sagen: „Unser Problem ist nicht die Sünde, es ist das Geld." Aber das Problem hinter dem Geld ist der Materialismus und wie wir unser Geld ausgeben. Sie denken, *Dinge* könnten Sie glücklich machen, aber das konnen sie nicht – das kann nur Gott. Vielleicht sagen Sie auch: „Wir haben Probleme mit unserem Liebesleben", oder: „Unser Problem ist die Disziplin", oder: „Die Drogen bereiten uns Probleme." Wollen Sie nur eine oberflächliche Veränderung, oder wollen Sie, dass Ihr Leben von Grund auf neu wird? Wenn Sie sich für die zweite Variante entscheiden, dann sollten Sie das Problem nicht länger bei der Frucht, sondern bei der Wurzel suchen. Beschriften Sie den Ordner mit „Sünde".

Wenn Sie bereit sind, die Dinge beim Namen zu benennen, sagt Gott: „Jetzt hast du es verstanden!" Dann wird seine Gnade in Ihr Leben fließen, und die Veränderung, nach der Sie sich gesehnt haben, wird langsam beginnen.

Nur Gott kann ...

Nur Gott kann unsere Familien verändern. Psalm 127,1 ist einer meiner Lieblingsverse. Ich zitiere ihn häufig: „Wenn der HERR das Haus nicht baut, arbeiten seine Erbauer vergebens daran. Wenn der HERR die Stadt nicht bewacht, wacht der Wächter vergebens." Alle Ihre Anstrengungen und Versuche sind völlig umsonst, solange Sie keine Verbindung zu Gott haben. Doch wenn Sie und Ihre Familie mit dem Herrn zusammenarbeiten, liegen Ihre besten Tage noch vor Ihnen.

Hier eine Vorschau auf drei Dinge, mit denen Sie rechnen können, wenn Sie sich von Gott reinigen und verändern lassen.

1. *Die Bereitschaft, mit Gott zusammenzuarbeiten, lässt unseren Stolz schwinden.* – „Ich bin es, Gott. Ich bin das größte Problem in meiner Familie." – Möchten Sie erleben, wie Gott etwas Großes aus Ihrer Ehe macht? Bevor Sie heute Abend zu Bett gehen, sagen Sie zu Ihrem Ehepartner: „Gott hat mir ein paar wichtige Dinge gezeigt. Ich möchte dir sagen, dass ich einen großen Anteil an unseren Eheproblemen habe. Würdest du bitte dafür beten, dass Gott einen besseren Partner aus mir macht?" Das lässt Ihren Stolz schmelzen. Sie sagen vielleicht: „Was ist, wenn mein Partner nicht darauf reagiert?" – Überlassen Sie das Gott. Seien Sie ein Werkzeug der Gnade Gottes in Ihrem Haus. In Jakobus 4,6 steht: „Gott widersteht den Hochmütigen, den Demütigen aber gibt er Gnade."

2. *Die Bereitschaft, mit Gott zusammenzuarbeiten, schafft einen reinen Tisch.* Viele Menschen erleben keine Veränderung in ihrer Familie, weil sie die falsche Einstellung haben. – „Die Situation ist so verworren! Wie könnte Gott daraus nur ein Meisterwerk machen? Da ist einfach zu viel Negatives, das nicht aus dem Weg geräumt werden kann!" – Hier kommt die Gnade Gottes ins Spiel. Sie können eine neue Seite aufschlagen. Sie müssen Ihre Zukunft nicht auf den Fehlern der Vergangenheit aufbauen. Sie können reinen Tisch machen. „Wenn eure Sünden rot wie Karmesin sind, wie Schnee sollen sie weiß werden" (Jesaja 1,18). Sie können ganz neu anfangen, der Mann oder die Frau zu sein, der beziehungsweise die Sie nach Gottes Willen für Ihre Familie sein sollen. Machen Sie reinen Tisch.

3. *Die Bereitschaft, mit Gott zusammenzuarbeiten, setzt seine Gnade frei.* Gott möchte Ihrer Familie seine Gunst und Gnade schenken. Vielleicht haben Sie vor einer Woche etwas zu Ihrer Frau gesagt, das normalerweise einfach so verpufft wäre. Aber Gott gibt Ihnen Gnade, und Ihre Frau reagiert auf das, was Sie zu ihr gesagt haben. „Demütigt euch vor dem Herrn! Und er wird euch erhöhen" (Jakobus 4,10). Wenn Sie mit Gott zusammenarbeiten, geschehen großartige Dinge.

Lassen Sie die guten Zeiten in Ihrem Leben beginnen

Ich kann Ihnen mit absoluter Sicherheit sagen, dass niemand am Ende seines Lebens sagt: „Ach, hätte ich noch einmal die Chance, ich würde mehr Zeit im Büro verbringen!" Niemand würde sich wünschen, er hätte mehr Zeit in Hobbys und Reisen investiert. Das sind nicht die Dinge, die mehr Freude und Glück bringen. Nein, am Ende des Lebens reden alle Menschen von denselben Dingen: von ihrer Familie, ihrem Ehepartner und ihren Kindern. Der Apostel Johannes sagte: „Eine größere Freude habe ich nicht als dies, dass ich höre, dass meine Kinder in der Wahrheit wandeln" (3. Johannes 4).

Ob nun physische oder geistliche Kinder – unsere Familie ist es, die uns Freude bereitet. Es ist die Freude über einen Sohn, der Christus dient. Eine Tochter, die unsere Enkelkinder in den Werten erzieht, die wir ihr beigebracht haben. Es ist eine goldene Hochzeit. Das alles sind die größten Freuden im Leben, und sie sind es wert, für sie zu kämpfen.

Seine Gnade reicht für jede Situation

Meine Großeltern kauften 1960, in meinem Geburtsjahr, ein Ferienhäuschen in der Region Muskoka in Ontario, Kanada. Als mein Vater erwachsen war, erwarb er dort ebenfalls ein eigenes Ferienhäuschen und einer meiner Brüder tat es ihm später gleich. So haben wir einen kleinen Familiensitz direkt neben dem Veranstaltungsort einer der wichtigsten Bibelkonferenzen in Kanada, der Muskoka Baptistenkonferenz. Seit ich denken kann, besucht unsere Familie diese Konferenz. In den letzten Jahren hatte ich das große Privileg, das Wort Gottes auf dieser Bibelkonferenz verkünden zu dürfen. Ein Team aus unserer Gemeinde begleitet mich immer dorthin und gemeinsam dienen wir im Sommer eine Woche lang morgens und abends in den Gottesdiensten.

Im letzten Sommer saß meine Großmutter zum ersten Mal nicht in der zweiten Reihe, als ich das Wort Gottes aufschlug. Nach einer Familienhochzeit war sie donnerstagmorgens allein zu der vierstündigen Fahrt aufgebrochen, um uns am Ferienhäuschen zu treffen und die letzten Gottesdienste in der Woche zu besuchen.

(Sie fragen: „Warum hat sie nicht jemand gefahren?“ – Glauben Sie mir, sie ließ sich nichts sagen! Sie wollte unbedingt selbst fahren.) Auf dem Weg übersah ein Fahrer ein Stoppschild und tauchte plötzlich vor ihr auf. Sie hatte nicht einmal die Zeit, die Bremsen zu berühren. Sie war auf der Stelle tot und bei ihrem Herrn.

Am Donnerstagabend, als Großmutter noch nicht am Cottage angekommen war, begannen wir uns zu fragen, wo sie nur blieb. Mein Vater saß sechs Stunden lang auf der Veranda, betete und wartete darauf, dass sie in die Einfahrt einbog. Sie besaß kein Handy, sodass wir sie nicht erreichen konnten. Uns blieb nur zu warten, zu warten und zu warten. Als die Sonne immer tiefer sank, fingen wir an, das Schlimmste zu befürchten. Es war Zeit für den Abendgottesdienst und ich musste predigen. Ich sprach über Psalm 23. Direkt nach dem Gottesdienst eilte ich aus dem Raum und mein älterer Bruder kam mir entgegen.

„Oma ist beim Herrn“, sagte er. Ich ging ein paar Schritte über den Parkplatz, neigte den Kopf und weinte eine Zeitlang still vor mich hin. Es war ein unglaublich schmerzlicher Verlust.

Doch egal, in welcher Situation man ist – wenn man nach Gottes Gnade sucht, wird man sie finden. Es war das erste Mal in neun Jahren, dass meine ganze Familie am Ferienhäuschen zusammengekommen war: *alle* meine Brüder, *alle* ihre Frauen, *alle* ihre Kinder – einfach *alle* waren da, und das obwohl wir weit voneinander entfernt leben. Es war schon ein besonderer Anblick, wie wir weinten, beteten und uns in dieser Nacht gegenseitig trösteten. Am nächsten Morgen trommelte uns mein Vater alle zusammen und sagte: „Wisst ihr, was Oma gewollt hätte?“ Als Antwort führte er uns zu ihrem Ferienhäuschen, wo wir gemeinsam beteten und über das sprachen, was ihr Leben für uns bedeutete und was wir an ihr am meisten vermissen würden. Mir war wirklich nicht nach Predigen zumute, aber Vater meinte, Großmutter hätte es gerne gesehen, wenn wir alle in den Versammlungsraum gehen würden. (Es machte sie verrückt, wenn

Leute zum Ferienhäuschen kamen, aber nicht in den Versammlungsraum der Konferenz gingen.)

Gottes Vorsehung hatte es so geführt, dass meine Botschaft an diesem Morgen aus Psalm 23,4 bestand: „Auch wenn ich wandere im Tal des Todesschattens, fürchte ich kein Unheil, denn du bist bei mir." Ich stand auf und predigte aus tiefstem Herzen. Einer der Verse, mit denen wir uns beschäftigten, war: „Er leitet mich in Pfaden der Gerechtigkeit um seines Namens willen" (Vers 3). Wir widmeten uns dem Gedanken, dass Gott die Schritte seiner Kinder manchmal in schwierige Umstände führt, sodass wir bezeugen können, wie wunderbar ein Leben mit ihm ist. Er lässt uns selbst schwerste Zeiten durchstehen, damit wir zu seiner Ehre sagen können: „Gott ist treu und auf seine Verheißungen können wir uns verlassen."

Am Ende erklärte ich, dass die Verwendung der Formulierung „um seines Namens willen" in etwa dem Hissen einer Flagge entspricht. Wir wollen keinen kleinen Sieg oder einen halben, wir wollen einen großen Sieg und die Flagge bis zur Mastspitze hochziehen. Wir möchten einen überwältigenden, allumfassenden Sieg erleben, weil Christus uns liebt. Eines unserer Teammitglieder begann „die Flagge zu hissen", indem es *It's All About You* anstimmte, ein Lied, in dem es darum geht, dass alles zur Ehre und zum Ruhm Jesu Christi ist.

Viele von den mehreren Hundert Menschen im Raum hatten meine Großmutter gekannt und alle spürten die mächtige Gegenwart des Herrn. Ich stand auf und begann, symbolisch für unsere Verpflichtung, dass diese schweren *„Pfade der Gerechtigkeit um seines Namens willen"* sein sollen, die christliche Flagge* zu schwenken. Wir trauerten und freuten uns zugleich.

Schließlich stand mein jüngerer Bruder Todd von seinem Platz auf, kam nach vorne, legte seinen Arm um mich und seine Hand auf den Fahnenmast. Obwohl es wie eine Kleinigkeit erschien, war es doch eine bedeutende Geste, denn Todd hatte jahrelang große geistliche Kämpfe ausgetragen. Lange war er an alles, was Gott betraf, vollkommen uninteressiert, was uns alle sehr belastete, meine Großmutter vielleicht am meisten. Ich möchte keine Einzelheiten nennen, denn dazu liebe ich ihn zu sehr, aber lassen Sie mich kurz sagen, dass es, als er in seinen Zwanzigern war, so schien, als würde er nie den Weg zurückfinden. Wenn man mit ihm über Christus sprach, wurde er sehr wütend und brach das Gespräch abrupt ab.

Meine Eltern und meine Großmutter beteten treu für ihn und Gott in seiner Gnade rührte Todd an und brachte ihn zurück. Sein Leben mit dem Herrn wurde Jahr für Jahr immer intensiver, aber bis zu diesem Augenblick, als er mir half, die Flagge zu hissen, lebte er seinen Glauben mehr im Privaten. Es war ein großer Sieg für ihn und unsere ganze Familie, als er sich in aller Öffentlichkeit zu Christus bekannte. Es war einer der größten Momente in meinem Leben. Echte Freude, Familienfreude!

Die Hoffnung lebt

Ich erzähle Ihnen diese Familiengeschichte, weil ich Sie ermutigen möchte zu glauben, dass Gott auch in Ihrer Familie ein ähnliches Wunder des Trostes und der Veränderung bewirken kann. Die Hoffnung lebt, wenn wir bereit sind zu glauben, dass unser liebender und vergebender Gott die sündigen Probleme lösen kann, die unserer Familie Leid zufügen. Die Hoffnung lebt, wenn wir glauben, dass der Herr jeden Aspekt unserer Familie verändern will, ganz gleich, wie dunkel oder verzweifelt die Not in diesem Augenblick auch erscheint.

In Psalm 42,6 lesen wir: „Was bist du so aufgelöst, meine Seele, und stöhnst in mir? Harre auf Gott! – denn ich werde ihn noch preisen für das Heil seines Angesichts!“

Ein Gebet, das Sie nach oben zieht

Danke, Herr, für die Hoffnung, die allein in dir zu finden ist. Ich brauche sie heute so sehr! In meiner Familie laufen die Dinge nicht so, wie sie sollten, und es bereitet mir viel Kummer und Leid. Ich erkenne an, dass Sünde der Grund dafür ist, und ich bekenne dir meine eigene Sündhaftigkeit. (Nennen Sie konkrete Sünden.) *Ich habe Christus in meiner Familie nicht so geehrt, wie ich es könnte oder sollte. Reinige mich von meiner Sünde und hilf, dass ich vor dir richtig lebe. Ich danke dir, dass du eine strahlende Zukunft für meine Familie bereithältst. Ich will darauf warten und dir vertrauen.*

Gott, hilf mir, in deiner Gnade zu leben, und erfülle mich täglich mit deiner Hoffnung. Darum bitte ich dich im kostbaren Namen Jesu. Amen.

Überlegungen, die tiefer gehen

Jemand hat einmal gesagt, wenn man die Hoffnung verloren hat, hat man alles verloren. Das ist wahr! Nehmen Sie sich ein paar ruhige Augenblicke, und denken Sie an eine Zeit in Ihrem Leben, in der Sie jegliche Hoffnung verloren hatten. Vielleicht war der Grund eine schmerzliche Situation in der Familie, so wie die, über die wir gesprochen haben. Es kann aber auch ein Problem am Arbeitsplatz gewesen sein. Oder es war ein unüberwindliches finanzielles Problem. Ganz gleich, was es war, schreiben Sie Ihre Gedanken und Gefühle von damals einfach auf. Was ging in dieser Zeit in Ihnen vor?

Wenn Sie damit fertig sind, denken Sie darüber nach, was Ihre Lage schließlich verändert hat. Was hat Sie da herausgeführt? Schreiben Sie es auf. Gehen Sie jetzt noch einmal an den Anfang des Kapitels zurück und lesen Sie die Verheißungen auf

Hoffnung aus dem Wort Gottes und denken Sie darüber nach. Was können Sie aus diesen Versen mitnehmen, um mit Zuversicht und Kraft durch die Woche zu gehen?

Anregungen zur Umsetzung

Im Folgenden werden wir uns anschauen, wie Sie zur Veränderung Ihrer Familie beitragen können, aber das ist etwas, was Sie ohne Hoffnung niemals schaffen werden. Stimmen Sie zu, dass familiäres Leid auf Sünde zurückzuführen ist? Sind Sie bereit, Gott um Vergebung zu bitten für den Teil, den Sie zur Situation beigetragen haben? Vielleicht haben Sie den Eindruck, dass die Schuld an einer anderen Stelle zu suchen ist, aber darin liegt keine Hoffnung. Gottes Werk in Ihrer Familie fängt dort an, wo Sie bereitwillig anerkennen, dass Sie versagt haben. Genau an diesen Stellen beginnt Gottes Werk der Veränderung. Was wir bekennen, wird Gott reinigen, und was Gott reinigt, wird er umgestalten. Und die Aspekte, die Gott verändern wird, machen uns Hoffnung.

Nehmen Sie sich jetzt etwas Zeit und schreiben Sie die Dinge auf, die Gott in Ihrer Familie tun soll, und benennen Sie anschließend die Dinge, die Sie selbst in diesen Bereichen tun müssen, damit Gottes Gnadenwerk von Neuem beginnen kann und Sie Hoffnung schöpfen können.

Probleme in der Ehe	Mein Teil an der Lösung
____________________	____________________
____________________	____________________
____________________	____________________
Probleme mit den Kindern	**Mein Teil an der Lösung**
____________________	____________________
____________________	____________________
____________________	____________________
Probleme mit den Eltern	**Mein Teil an der Lösung**
____________________	____________________
____________________	____________________
____________________	____________________
Probleme mit Geschwistern	**Mein Teil an der Lösung**
____________________	____________________
____________________	____________________
____________________	____________________

Teil 1

Drei heilende Worte

1. Vergebung
2. Segen
3. Ehre

Kapitel 2 // Wort 1: Vergebung

Mir tut jede Familie von Herzen leid, die sich in der Abwärtsspirale befindet. Sie wissen sicherlich, was ich damit meine. Familien, bei denen auf jeden Schritt vorwärts sofort zwei Schritte zurück folgen. In denen Augenblicke der Freude deutlich seltener vorkommen als schlechte Zeiten und Zeiten der Einsamkeit. In denen es anscheinend ganz egal ist, wie sehr man sich bemüht; der Schmerz des Versagens und die Wunden aus Streitigkeiten innerhalb der Familie liegen einfach noch zu dicht an der Oberfläche, als dass man langfristig positive Erfahrungen machen könnte.

Trifft das Ihre Situation? Fällt es Ihnen schwer zu glauben, dass es Ihrer Familie noch einmal gut gehen könnte, weil Sie sich nur an schlechte Zeiten erinnern können?

Wenn das der Fall ist, haben Sie sich vielleicht selbst gefragt: *Was kann meine Familie da noch herausführen? Was kann den Teufelskreis aus Gleichgültigkeit, Auseinandersetzungen, Kränkungen und Rückzug, gefolgt von noch mehr Gleichgültigkeit, durchbrechen?* Wenn Sie sich fragen, wie die Verletzungen der Vergangenheit geheilt werden können und wie es vorwärtsgehen kann, dann ist zweifelsohne Vergebung die Antwort.

Ich weiß, Sie haben schon einmal etwas von Vergebung gehört, aber winken Sie nicht ab, bevor Sie es nicht nach den Grundsätzen des Wortes Gottes versucht haben. Vergebung ist viel einfacher auszusprechen als zu praktizieren, und dennoch ist es Gottes Wille, der zur Heilung führt. Bitte denken Sie daran: Wir sind Nachfolger Jesu Christi, und unser Herr möchte, dass wir anderen Menschen vergeben. Wie wär's mit einem kurzen Überblick über das, was Jesus zu diesem Thema gesagt hat?

Jesus über Vergebung

In Markus 11,25 sagte Jesus: „Und wenn ihr steht und betet, so vergebt, wenn ihr etwas gegen jemand habt, damit auch euer Vater, der in den Himmeln ist, euch eure Übertretungen vergebe." In Lukas 6,37 fügte er hinzu: „Vergebt, so wird euch vergeben" (Lut). Im Gebet des Herrn lehrte Jesus uns beten: „Vergib uns unsere Schulden, wie auch wir unseren Schuldnern vergeben haben" (Matthäus 6,12). Sind Sie dazu bereit? Diese Aussagen sind wirklich wichtig. Was würde es für Sie bedeuten, wenn der Herr Ihnen vergeben würde, so wie Sie anderen vergeben? Gott achtet darauf, wie und in welchem Maß wir anderen vergeben, und er richtet seine Vergebung daran aus.

Aber Jesus *redete* nicht nur über Vergebung. Er *lebte* sie Tag für Tag. Von der Frau, die beim Ehebruch erwischt wurde (Johannes 8,1–11), bis zu seinen letzten Worten am Kreuz – „Vater, vergib ihnen! Denn sie wissen nicht, was sie tun" (Lukas 23,34) – war sein Handeln ganz und gar von Vergebung geprägt.

Wie ist das bei Ihnen? Leben Sie als bekennender Nachfolger Jesu Christi nach dem Prinzip der Vergebung? Mit Sicherheit wurden Sie schon von vielen Personen verletzt; sie haben falsche Dinge über Sie gesagt oder sie haben Sie durch ihr Handeln und ihre Reaktionen verwundet. Vielleicht war es ein Vorgesetzter bei der Arbeit, ein Nachbar oder ein Lehrer in der Schule – doch egal, wer es war, der Sie verletzt hat, die Konsequenzen Ihrer unversöhnlichen Haltung sind gewaltig. Ja, sie sind gewaltig, und nirgends werden sie deutlicher sichtbar als zu Hause. Eine Menge Ärger und Streit in Familien hat seinen Ursprung darin, dass die Menschen einander nicht vergeben wollen.

Definition von Vergebung

Ich möchte deutlich machen, was ich mit Vergebung meine. Es ist wichtig, dass wir uns verstehen, wenn wir etwas erreichen wollen.

Hier ist die Definition, mit der wir arbeiten wollen: *Vergebung ist die Entscheidung, jemanden von der Verpflichtung zu befreien, die daraus entstanden ist, dass er Sie verletzt hat.* Stellen Sie sich vor, ich würde meinem Sohn eine Schüssel mit Müsli auf den Schoß schütten, nur weil ich ihn ärgern will. Natürlich wäre das falsch, und ich würde in seiner Schuld stehen, weil ich es absichtlich getan hätte. Ich habe also etwas getan, das nicht in Ordnung war, und nun bin ich ihm etwas schuldig.

Mein Sohn hätte zwei Möglichkeiten: Er könnte entweder bitter werden und unter dem ihm zugefügten Unrecht leiden oder mich von der Verpflichtung befreien, die daraus entstanden ist, dass ich ihn gekränkt habe. Das ist der Kern von Vergebung – die Entscheidung, eine Person von der Schuld freizusprechen, die entstanden ist, weil sie Sie verletzt hat.

Wenn Familien nicht vergeben

Ich bete dafür, dass Gott Ihnen beim Lesen dieses Kapitels zeigt, wem und was Sie vergeben müssen, und dass Sie sich anschließend entscheiden, das auch tatsächlich zu tun. Werden Sie sich der Herausforderung stellen? Großartig. Schauen wir uns nun Matthäus 18 an und lesen eine Geschichte, die Jesus über Vergebung erzählte. Beachten Sie, dass es im Kontext dieser Stelle um Konfliktlösung geht. Im Grunde lehrte Jesus uns: „Wenn du ein Problem mit jemandem hast, dann löse es. Wenn du kannst, dann sieh einfach darüber hinweg. Wenn nicht, setzt euch zusammen und findet eine Lösung. Gibt es keine Lösung, dann bitte jmanden, euch zu helfen, daran zu arbeiten. Wenn das nicht gelingt, dann ziehe Älteste aus der Gemeinde hinzu, die sich der Sache annehmen sollen." Nichts macht den Herrn glücklicher, als wenn seine Kinder in Frieden miteinander leben, deshalb hat Jesus viel zu diesem Thema gesagt.

Petrus hörte sich alle diese Belehrungen an und dachte sich: *Aber was ist, wenn dieselbe Person mir zweimal Müsli auf den Schoß schüttet? Was, wenn sie es* siebenmal *tut? Ich denke, ich könnte einem Menschen siebenmal vergeben.* Mit diesem Gedanken im Hinterkopf ging er selbstbewusst zu Jesus ...

„Dann trat Petrus zu ihm und sprach: Herr, wie oft soll ich meinem Bruder, der gegen mich sündigt, vergeben? Bis siebenmal?" (Matthäus 18,21). Er erwartete wahrscheinlich, dass Jesus zu ihm sagen würde: „Mensch, Petrus, du meinst es aber wirklich ernst mit der Vergebung!" Doch stattdessen erwiderte er: „Ich sage dir: Nicht bis siebenmal, sondern bis siebzigmal siebenmal" (Vers 22). Wie viel macht das? 490-mal!

Das ist eine ganze Menge Vergebung! Sie denken vielleicht: *Würde jemand dieselbe Sache wirklich 490-mal tun?* Nun, genau genommen geht es einfach darum, dass Sie nicht Buch führen sollen. Wenn Sie eine Strichliste an Ihren Kühlschrank geheftet haben und bei 387 angekommen sind, haben Sie ein Problem! Vergebung darf nicht bemessen oder gezählt werden, sondern sie muss frei gewährt werden.

Ein Gleichnis, um es ganz klarzumachen ...

Jesus erzählte ein Gleichnis – eine fiktive Geschichte, die uns etwas deutlich machen soll: „Deswegen ist es mit dem Reich der Himmel wie mit einem König, der mit seinen Knechten abrechnen wollte" (Matthäus 18, 23). Die Geschichte handelt vom „Reich der Himmel", deshalb reden wir hier über den Bereich Gottes, nicht über den der Welt. „Als er aber anfing abzurechnen, wurde einer zu ihm gebracht, der zehntausend Talente schuldete" (Vers 24). Ein Talent entspricht in etwa dem Arbeitslohn von tausend Wochen – hier geht es also um einen Lohn für fast zwanzig Arbeitsjahre! Lassen Sie mich das einmal in die richtige Perspektive rücken. Das gesamte jährliche Steueraufkommen für alle Provinzen in der Umgebung von Jerusalem betrug neunhundert Talente. Das Gold, das in den Tempel gesteckt wurde, hatte einen Wert von ungefähr achttausend Talenten. Somit war eine Schuld von zehntausend Talenten mehr, als eine Person jemals zurückzahlen konnte, es sei denn sie gewann im Lotto oder Ähnliches. Nach heutigen Maßstäben können Sie es mit einer *Billion* Dollar vergleichen, also einer unglaublichen Summe Geld – mehr, als ein Mensch je zurückzahlen könnte.

Der Text sagt weiter: „Da er aber nicht zahlen konnte, befahl der Herr, ihn und seine Frau und die Kinder und alles, was er hatte, zu verkaufen und damit zu bezahlen" (Vers 25). Natürlich würde der Verkauf diese Summe nicht einbringen, daher war die Botschaft des Königs im Grunde: „Werft sie alle ins Schuldnergefängnis. Quetscht sie aus, verringert unsere Verluste und holt heraus, was geht." – „Der Knecht nun fiel nieder, bat ihn kniefällig und sprach: Herr, habe Geduld mit mir, und ich will dir alles bezahlen. Der Herr jenes Knechtes aber wurde innerlich bewegt, gab ihn los und erließ ihm das Darlehen" (Vers 26–27). Unglaublich, aber der König entband ihn von seinen Verbindlichkeiten.

„Jener Knecht aber ging hinaus und fand einen seiner Mitknechte, der ihm hundert Denare schuldig war" (Vers 28). Zur Zeit Jesu war ein Denar ein Tageslohn; die Schuld des Mitknechtes entsprach also dem Lohn für hundert Arbeitstage. Es war eine beachtliche Summe Geld, aber verglichen mit dem, was der erste Knecht dem König schuldete, war es nichts.

Der Knecht, dem seine hohen Schulden erlassen wurden, zeigte nun selbst kein Erbarmen: „Und er ergriff und würgte ihn und sprach: Bezahle, wenn du etwas schuldig bist! Sein Mitknecht nun fiel nieder und bat ihn und sprach: Habe Geduld mit mir, und ich will dir bezahlen" (Vers 28–29). Ein Déjà vu – das sind dieselben Worte wie in Vers 26. Der Mensch, dem eine Billion Dollar erlassen wurde, würgt seinen Freund für eine relativ geringe Summe! Er war nicht bereit, sie seinem Mitknecht zu erlassen, und ließ ihn stattdessen ins Gefängnis werfen, bis er das Geld zurückbekommen würde.

Als der König von dem gnadenlosen Vorgehen des Knechtes erfuhr, wurde er wütend. Er sagte: „Böser Knecht! Jene ganze Schuld habe ich dir erlassen, weil du mich batest. Solltest nicht auch du dich deines Mitknechtes erbarmt haben, wie auch ich mich deiner erbarmt habe? Und sein Herr wurde zornig und überlieferte ihn den Folterknechten, bis er alles bezahlt habe, was er ihm schuldig war" (Vers 32–34).

Den letzten, nun folgenden Vers des Gleichnisses sollten Sie sich in Ihrer Bibel markieren. Jede Familie sollte diesen Vers kennen. Jesus sagte: „So wird auch mein himmlischer Vater euch tun, wenn ihr nicht ein jeder seinem Bruder von Herzen vergebt" (Vers 35).

Dumme Ausreden

Die Geschichte, die Jesus erzählte, enthält mehrere Grundsätze, die uns veranlassen sollten, anderen zu vergeben. Der erste lautet: *Unsere rationalen Gründe, weshalb wir anderen nicht vergeben, sind dumm.* Petrus versuchte sich vor der Vergebung zu drücken. Er suchte nach einer Ausrede. – „Herr, was ist, wenn ich jemandem siebenmal vergebe? Reicht das? Ist es in Ordnung, diese Grenze zu ziehen? Gibt es einen Menschen, dem ich nicht vergeben muss? Gibt es eine Sünde, die ich nicht vergeben muss? Gibt es einen Punkt, an dem ich nicht mehr vergeben muss? Diese Vergib-jedem-alles-jederzeit-Geschichte geht einfach zu weit! Irgendwann muss es doch genug sein."

Petrus versuchte, rational an die Sache heranzugehen. Doch Jesus erwiderte: „Nein, du sollst jedem alles und zu jederzeit vergeben – sei bereit für bedingungslose Vergebung! Versuche nicht, dich da herauszuwinden."

Oftmals ist uns die Notwendigkeit der Vergebung bei anderen klarer als in unserem eigenen Leben und in unserer Familie. Wir sehen andere Menschen und denken: *Mann, du muss ihr vergeben!*, oder: *Du musst das wirklich hinter dir lassen und dein Leben leben!* Wenn es um andere Personen geht, ist die Notwendigkeit der Vergebung oft so offensichtlich, doch wenn es uns selbst betrifft, haben wir ganz schön damit zu kämpfen. Stattdessen schieben wir rationale Gründe vor, weshalb wir nicht vergeben können, die vor Gott nicht bestehen können. Hier sind fünf der gängigsten rationalen Ausflüchte, auf die wir zurückgreifen, um uns vor der Vergebung zu drücken – dumme Ausreden, die nicht den geringsten Eindruck auf Gott machen. Womöglich haben Sie auch schon einige davon benutzt ...

1. *„Diese Kränkung ist einfach zu groß."* – Dieses Argument ist eigentlich widersinnig. Meinen Sie nicht auch, dass Sie eine Kränkung *umso lieber* loswerden sollten, je größer sie ist? Es scheint so, als würden Sie die kleinen Dinge nicht stören. Es sind nicht nur die kleinen Lasten, die wir abladen müssen, sondern die großen, die uns niederdrücken und uns die Freude rauben. Je größer die Verletzung, desto wichtiger ist es, dass wir vergeben.

2. *„Die Zeit heilt alle Wunden – auch diese."* – Wie oft habe ich Menschen das sagen gehört! Die Zeit heilt nichts. Es mag mit der Zeit eine Narbe entstehen, aber Sie wissen, dass die Wunde nicht geheilt ist. Sobald jemand den empfindlichen Punkt berührt oder den Namen einer beteiligten Person erwähnt, ist der Schmerz wieder da. Er ist immer noch sehr real, weil die Zeit ihn nicht geheilt hat. Sie gehen durch die Einkaufspassage und begegnen dieser Person, der Sie nicht vergeben wollen, oder Sie stehen unter der Dusche und Ihnen fällt urplötzlich eine Begebenheit ein – und Sie wissen, dass die Zeit diese Wunde nicht geheilt hat, da die Angelegenheit Sie immer noch so schmerzt wie zuvor. Die Zeit heilt gar nichts.

3. *„Ich werde dem Menschen vergeben, sobald er sich bei mir entschuldigt."* – Haben Sie diese Ausrede auch schon einmal gebraucht? Wenn ja, dann habe ich eine Neuigkeit für Sie: Er kommt nicht, um sich zu entschuldigen! Wenn Sie sagen: „Ich warte jeden Tag darauf, dass er an der Tür klingelt", dann suchen Sie sich lieber eine andere Beschäftigung! Er wird nicht kommen. Wenn Sie erst vergeben, nachdem sich die betreffende Person bei Ihnen entschuldigt, werden Sie wohl kaum jemals vergeben. Und wenn diese Person tatsächlich kommt, um Ihnen zu sagen, dass es ihr leidtut, wird Ihre unversöhnliche Haltung Sie davon abhalten, diese Entschuldigung zu akzeptieren.

4. *„Ich kann nicht vergeben, solange ich nicht vergessen kann."* Das stimmt nicht. In Wirklichkeit werden Sie nie vergessen, solange Sie nicht vergeben. Vergebung ist sowohl die Krise als auch der Beginn des Prozesses, die Schuld eines anderen Menschen hinter sich zu lassen. Es bedeutet, sie beiseitezulegen und zu sagen: „Ich werde nicht mehr daran denken. Ich werde mich nicht mehr darauf fixieren." Es ist eine Entscheidung, die den Prozess des Vergessens einläutet. Eine unversöhnliche Haltung kettet die Kränkung an Ihr Herz und garantiert, dass Sie sie nie vergessen werden. Vergebung ist das erste Glied in der Kette des Vergessens – nicht das letzte.

5. *„Wenn ich vergebe, tut der andere es doch immer und immer wieder."* – Kennen Sie dieses Argument von sich selbst? Ich glaube, diese Befürchtung ist sehr verständlich, insbesondere wenn es sich um Familienmitglieder handelt, denen wir nicht aus dem Weg gehen können, weil sie mit einem unter demselben Dach oder in der Nähe leben. Vergebung bedeutet nicht, dass Sie ein Risiko eingehen müssen. (Mehr dazu finden Sie weiter hinten in diesem Kapitel.) Vergessen Sie nicht, dass eine

unversöhnliche Haltung eine Last für Sie darstellt. Wenn die Möglichkeit besteht, dass die betreffende Person Sie wieder verletzt, ist das nur umso mehr ein Grund, ihr zu vergeben. Andernfalls werden Sie zwei Lasten mit sich herumtragen, von denen jede allein schon ausreicht, um Ihr Leben zu ruinieren.

Hüten Sie sich vor den Konsequenzen!

Das Gleichnis Jesu bringt noch etwas anderes zum Vorschein: *Die Konsequenzen einer unversöhnlichen Haltung sind gewaltig.* Wenn Sie sich nicht entscheiden, einem Menschen seine Schuld zu vergeben, sondern die Kränkung pflegen und Groll gegen diesen Menschen hegen, wird das erhebliche Konsequenzen für Sie selbst nach sich ziehen. Das können Sie deutlich im Leben des unbarmherzigen Knechts sehen. Er muss mit dem anderen wirklich gut befreundet gewesen sein, immerhin hat er ihm eine Summe geliehen, die einem Viermonatslohn entsprach – aber was glauben Sie, wie eng die beiden noch miteinander verbunden waren, nachdem er seinen Schuldner gewürgt hatte? Er hatte ihre Beziehung vollständig zerstört.

Die meisten Menschen wissen, dass eine unversöhnliche Haltung zu Konsequenzen in zwischenmenschlichen Beziehungen und zu Bitterkeit führt, aber sie kann auch Dummheit zur Folge haben. Wie unklug war es von dem unbarmherzigen Knecht doch, seinen Kollegen ins Gefängnis zu bringen. *Ja, so werde ich schnell zu meinem Geld kommen!,* dachte er. Das ergibt doch keinen Sinn. Warum legte er dem Mann nicht stattdessen einen Plan vor und half ihm, ihn auszuführen? Weil es ihm gar nicht um das Geld ging. Er wollte mehr als das Geld – er wollte Rache. Er wollte, dass er mit einer anderen Währung bezahlte.

Das ist es, was häufig in einem unversöhnlichen Herzen steckt – der Wunsch, den anderen leiden zu sehen, ihn das fühlen zu lassen, was man selbst gefühlt hat. Sie können diesen Weg mit Ihrer Familie beschreiten, wenn Sie wollen, aber glauben Sie mir, wenn ich Ihnen sage, dass das gewaltige Konsequenzen nach sich zieht.

Der unbarmherzige Knecht verlor auch die Achtung seiner Mitknechte. Die Schrift sagt, dass sie „sehr betrübt" waren über die Art und Weise, wie er handelte (Vers 31). Wenn Sie in Ihrem Herzen Groll hegen und eine unversöhnliche Haltung haben, garantiere ich Ihnen, dass es Menschen gibt, die nichts mehr mit Ihnen zu tun haben wollen, weil Sie nur noch eine negative Haltung haben und sich auf Ihren Schmerz konzentrieren. Sie sagen es Ihnen vielleicht nicht ins Gesicht, sie geben es Ihnen vielmehr durch ihr Verhalten zu verstehen, indem sie sich abwenden, und Sie wundern sich, was aus all Ihren alten Freunden geworden ist. Seien Sie vorsichtig, wenn Ihre unversöhnliche Haltung gegenüber einem Familienmitglied Ihre Beziehungen zu anderen in der Familie zu zerstören droht.

Dann war da noch die Demütigung, die der Knecht seitens des Königs erfuhr. Lesen Sie, was er sagte, als er vor den König gerufen wurde: nichts! Er brachte nicht ein einziges Wort heraus. Der König sagte: „Das *alles* habe ich dir vergeben und du kannst nicht einmal so *wenig* vergeben?" Der Knecht schämte sich, er war vollkommen verlegen. Kein Ton kam aus ihm heraus.

Wer ist der König in dieser Geschichte? Natürlich Gott. Und wer ist der Knecht? Jeder von uns. Und wir werden eines Tages dieselbe Vorladung bekommen. Wenn wir Groll und eine unversöhnliche Haltung anderen gegenüber hegen, wird Gott zu uns sagen: „Ich habe dir alles vergeben und du konntest nicht einmal *das* vergeben?" Die Konsequenzen sind auch dann gewaltig.

Vorteile einer vergebenden Haltung

Vielleicht denken Sie bei dem Wort „Vergebung" lediglich an Gemeindepredigten und an Vorträge aus Ihrer Kindheit, aber

Forscher haben kürzlich herausgefunden, dass es tatsächlich einen Zusammenhang zwischen Vergebung und emotionaler und körperlicher Gesundheit gibt. Der Akt des Vergebens hat sowohl körperliche als auch seelische Auswirkungen. Laut Everett Worthington, dem geschäftsführenden Direktor der Kampagne „Forschung im Bereich Vergebung", werden die begleitenden Veränderungen „in der Mimik, in der Körperhaltung und im täglichen Leben sichtbar ... Die ablehnende Haltung eines Menschen gegenüber einem anderen, der ihn verletzt oder gekränkt hat, wird verringert." Er fügt hinzu: „Menschen, die seltener feindselige Gefühle hegen, ... sind in der Regel nicht so gefährdet, was Herz-Kreislauf-Probleme und Herzinfarkte angeht, sie fühlen sich nicht so leicht gestresst und sie regen sich nicht so schnell auf. Je weniger Stress ein Mensch empfindet, desto besser funktioniert sein Immunsystem."[1] Vergebende Menschen sind ausgeglichener. Ihre Beziehungen sind stärker – sowohl die zum (Ehe-)Partner als auch die platonischen. Menschen, die vergeben, sind oft glücklicher und neigen nicht so stark zu Depressionen und Ängsten.

Die Zeitschrift *Christianity Today* berichtete kürzlich, dass sich der frühere US-Präsident Jimmy Carter, der südafrikanische Erzbischof Desmond Tutu und die frühere Missionarin Elisabeth Elliot zusammentaten, um 10 Millionen Dollar für die Erforschung der körperlichen und emotionalen Vorteile von Vergebung zu sammeln.[2]

Des Weiteren unterstützen sie die Finanzierung von Projekten, die bereits seit den 1980er-Jahren bestehen. Diese Studien haben ergeben, dass Menschen, die Vergebung praktizieren, auch weniger zu psychischen und emotionalen Problemen neigen. Die Ergebnisse zusammenfassend, stimmt der Forscher und Professor Glen Mack Harnden mit Worthington überein und nennt zusätzlich folgende Vorteile von Vergebung: „Sie ... erhöht die Möglichkeit zur Aussöhnung (und) befreit zudem von anhaltendem Ärger, Zorn und Stress, den potenziellen Ursachen für hohen

Blutdruck, ... Krebs und anderen, psychosomatischen Krankheiten."[3]

Diese wissenschaftlichen Ergebnisse, die die körperlichen und emotionalen Vorteile von Vergebung aufzeigen, sollten Nachfolger Christi nicht überraschen. Wir dienen dem König der Könige und Herrn der Herren, der uns geschaffen hat. Er weiß, wie unser Körper funktioniert. Wenn Gott sagt: „Hege keine unversöhnliche Haltung", sagt er im Grunde, dass wir uns nicht selbst schaden sollen. Anders ausgedrückt: Wenn wir uns für die Sünde entscheiden, wählen wir den Weg des Leidens. So funktioniert das in Gottes Universum. Wenn Gott uns also zur Vergebung aufruft, ist das so, als würde er sagen: „Tue dir selbst einen Gefallen." Wenn wir nicht vergeben, sind die Konsequenzen gewaltig.

Dauerhafte Konsequenzen

In der Geschichte, die Jesus erzählte, findet sich noch eine dritte Lektion: *Die Konsequenzen einer unversöhnlichen Haltung sind dauerhaft.* Lesen Sie noch einmal die Verse 34 und 35; sie sind bei Weitem die wichtigsten im ganzen Abschnitt: „Und sein Herr wurde zornig und überlieferte ihn den Folterknechten, bis er alles bezahlt habe, was er ihm schuldig war." Eine unversöhnliche Haltung quält uns selbst. Wenn Sie sich weigern, denen zu vergeben, die Sie verletzt haben, wird das Leben für Sie wie eine große Folterkammer, in der nahezu jede menschliche Begegnung Ihren Schmerz wieder aufleben lässt. Wenn Sie wie ein Schiedsrichter durch das Leben gehen und jede Übertretung registrieren und festhalten, wird Ihnen Ihre Zeit auf Erden nur Kummer bescheren. Wenn Sie jede Beleidigung, Kränkung oder Sünde gegen Sie in Ihren „Kränkungsbeutel" stecken, wird dieser früher oder später überquellen, sodass Sie einen ganzen Container brauchen. Es wird nicht lange dauern, bis auch Ihr Container voll ist, und Sie werden einen großen Lastwagen benötigen, um Ihren Müll zu transportieren. Wenn

Sie so weiterleben, werden Sie bald zur Müllhalde fahren müssen; dort angekommen, fragen Sie sich dann, warum Sie so fertig sind. Die Wahrheit ist: Sie sind so müde und erschöpft, weil Sie all die Dinge mit sich herumgeschleppt haben, die Sie nicht vergeben wollten.

Menschen, die so leben, sind mit vierzig oder fünfzig Jahren oft fürchterlich mürrisch und unglücklich und werden medikamentös behandelt. Es ist traurig, aber wahr: Gott übergibt Menschen noch immer den Folterknechten, weil sie sich weigern, anderen zu vergeben.

Außerdem sind die Konsequenzen einer unversöhnlichen Haltung nicht nur in diesem Leben spürbar, sondern auch im nächsten. Die Bibel sagt: „So wird auch mein himmlischer Vater euch tun, wenn ihr nicht ein jeder seinem Bruder von Herzen vergebt" (Vers 35). Lassen Sie diese Worte noch einmal auf sich wirken, und denken Sie darüber nach, damit Sie sie nicht einfach als unwichtig abtun. Dies ist nicht die einzige Stelle, an der Jesus die ewigen Konsequenzen einer unversöhnlichen Haltung anspricht. In Matthäus 6,14–15 lesen wir: „Denn wenn ihr den Menschen ihre Vergehungen vergebt, so wird euer himmlischer Vater auch euch vergeben; wenn ihr aber den Menschen nicht vergebt, so wird euer Vater eure Vergehungen auch nicht vergeben."

Wir leben in einer Zeit, in der die Menschen häufig nicht meinen, was sie sagen. So warnen Eltern ihre Kinder beispielsweise: „Wenn du das noch einmal machst, gibt es Ärger." Das Kind tut die verbotene Sache noch einmal, doch die Eltern handeln nicht, und das Kind begreift schnell, wie der Hase läuft.

Stellen Sie sich vor, Sie gehen in Ihrer Mittagspause die Straße entlang und haben nur noch fünf Minuten; plötzlich sehen Sie Robert auf sich zukommen. Sie denken: *O nein, da ist Robert. Hoffentlich sieht er mich nicht!* Aber er sieht Sie doch. Sie sagen: „Hallo, Robert. Wie geht's? Schön, dich zu sehen!", aber Sie denken etwas ganz anderes. Sie meinen nicht, was Sie sagen, und versuchen, irgendwie aus der Nummer herauszukommen. Es tut Ihnen andererseits leid, dass Sie nicht die Zeit haben, mit Robert zu reden, und sagen: „Robert, lass uns irgendwann einmal zusammen zu Mittag essen." Aber Sie denken: *Am besten nie!* Wissen Sie, was ich meine? Im Herzen eines jeden Menschen steckt die sündige Neigung, Dinge zu sagen, die er nicht meint.

Gott meint absolut, was er sagt. Immer! Ohne Ausnahme! Er betrachtet nicht die Geschichte in Matthäus 18 und fragt sich: *Warum habe ich das nur geschrieben? Das werde ich nie tun!* – Nein, Gott hat vor, genau das zu tun, was er gesagt hat, und er *wird* es auch tun. Nichts wird ihn davon abhalten.

In Jakobus 2,13 steht: „Denn das Gericht wird ohne Barmherzigkeit sein gegen den, der nicht Barmherzigkeit geübt hat." Sind Sie dafür bereit? Gott sagt: „Du wirst nach dem Maßstab beurteilt, den du bei anderen angelegt hast." Wer sich ein Leben lang weigert, anderen zu vergeben, zeigt im Grunde, dass er die ewige Vergebung, die Gott in Jesus Christus anbietet, nie wirklich verstanden oder empfangen hat. Eine unversöhnliche Haltung der Familie gegenüber ist wie Krebs für den Körper. Wenn Sie nicht vergeben, wird Gott Ihre Lieben nicht segnen, heilen oder wiederherstellen.

Vergebung bedeutet nicht ...

Manche Menschen machen sich, wenn sie von bedingungsloser Vergebung hören, wie Petrus Sorgen über angemessene Grenzen und über Schutzmaßnahmen vor den Menschen, die sie verletzen. Ich kann diese Bedenken verstehen und möchte an dieser Stelle tiefer beleuchten, was es bedeutet, wenn wir uns entscheiden, Gott gehorsam zu sein und zu vergeben, und was es nicht bedeutet. Hier nun drei Beispiele dafür, was Vergebung *nicht* ist:

Vergebung bedeutet nicht, jemanden in seiner Sünde zu bestärken. Gehen wir einmal davon aus, Sie sagen: „Meine Mutter gibt immer zu viel Geld aus und sie leiht sich ständig etwas von mir. Sie verschwendet mein Geld für überflüssige Spontankäufe und sie macht mich verrückt damit!" Vergebung bedeutet in diesem Fall nicht, dass Sie bei Ihrer Mutter mit einer Handvoll Kreditkarten vorbeischauen und sich sagen: *Ich werde ihr zeigen, wie vergebungsbereit ich bin!* Nein, so ein Verhalten verleitet einen Menschen nur dazu zu sündigen. Vergebung verlangt nicht, dass Sie einem Menschen helfen, das zu tun, was Sie ihm vergeben haben.

Vergebung bedeutet nicht, jemanden vor den Konsequenzen seiner Tat zu bewahren. Nehmen wir einmal an, mein 16-jähriger Sohn würde unseren Familienwagen für eine Spritztour nutzen. Er nimmt heimlich die Schlüssel an sich, macht sich davon und fährt das Auto gegen einen Baum. (Gott sei Dank fantasieren wir hier nur!) Als Vater habe ich nun die Wahl. Natürlich muss ich ihm vergeben, aber Vergebung bedeutet nicht, meinen Sohn vor den Konsequenzen seines schlechten Verhaltens zu bewahren. Ich muss nicht versuchen, den Richter zu bestechen oder die Folgen zu umgehen, die Gott möglicherweise nutzen will, um meinem Sohn eine wichtige Lektion zu erteilen.

Vergebung bedeutet nicht, Risiken einzugehen. Sagen wir einmal, mein Vater würde aggressiv und gewalttätig werden, wann immer er trinkt. Jedes Mal, wenn er betrunken ist, verletzt er mich schwer. (Manche Menschen leben leider täglich mit diesem Problem.) Auch in diesem Fall muss ich vergeben, aber das heißt nicht, dass ich seine Einladung zur Silvesterparty annehmen muss. Ich muss nicht das Risiko eingehen, wieder verletzt zu werden. Vergebung verlangt nicht, dass ich mich einer Gefahr aussetze.

Wie sieht Vergebung in der Familie aus?

Vergebung besteht aus zwei Teilen. Sie beginnt mit einer Entscheidung, einem Willensakt. Wir nennen das die *Krise der Vergebung*. Wenn ich mich dazu entschließe, jemanden von der Verpflichtung zu befreien, die daraus entstanden ist, dass er mich verletzt hat, beende ich die Krise der Vergebung. Ich suche nicht Rache, ich möchte es ihm nicht heimzahlen, ich wünsche ihm nichts Böses, und ich warte nicht darauf, dass er Fehler macht. Ich denke überhaupt nicht mehr in besonderer Weise an die Person in Verbindung mit der Situation, in der sie an mir schuldig geworden ist. Ich habe sie von allen Verpflichtungen befreit, die entstanden sind, als sie mich verletzt hat.

Vielleicht können Sie sich erinnern, wie Sie die Krise der Vergebung in der Vergangenheit schon einmal beendet haben, nur um Ihre Kränkung anschließend doch wieder erneut zu hegen und zu pflegen. Sie haben sich womöglich öffentlich in einem Gottesdienst zur Vergebung verpflichtet oder sich alleine vor Gott niedergekniet und versprochen, dass Sie vergeben würden, sind dann aber doch in die alten Muster von Hass und Groll zurückgefallen, als Sie der Person, der Sie bereits vergeben hatten, über den Weg liefen. Wenn es Ihnen schon so ergangen ist, müssen Sie den Unterschied zwischen der *Krise der Vergebung* und dem *Prozess der Vergebung* verstehen. Nach der Krise kommt der Prozess der Vergebung, ohne den wir nie die Heilung erfahren werden, die die Vergebung bringen kann. In der Krise der Vergebung sagen wir: „Ich entschließe mich zu vergeben“, aber während des Prozesses sagen wir: „Ich werde ihn so behandeln, als wäre nie etwas geschehen.“ Dieser Prozess funktioniert folgendermaßen:

1. Ich werde der *Person* ihre Kränkung nicht vorhalten – es sei denn zu ihrem Nutzen.

2. Ich werde die Kränkung *anderen gegenüber* nicht ansprechen.

Und zu guter Letzt (dies ist der schwerste Schritt):

3. Ich werde die Kränkung *mir selbst* nicht mehr vor Augen führen. Ich werde nicht mehr an sie denken und mich nicht mit ihr beschäftigen.

Wenn Sie diese Schritte konsequent befolgen, werden Sie den Prozess der Vergebung erfolgreich abschließen. Das ist eine Lektion, die ich selbst noch nach und nach in meinem eigenen Leben zu lernen habe. Ich könnte Ihnen mehrere Situationen nennen, in denen ich zehn oder fünfzehn Jahre am Prozess der Vergebung arbeiten musste. Und ich bin immer noch dabei. Gott sei Dank bin ich aber heute schon viel weiter als vor zehn Jahren. Der Schlüssel ist: Wenn ich während des Prozesses versage, muss ich zurück zur Krise und mich neu für die Vergebung entscheiden. Wenn Sie das konsequent beherzigen, werden Sie frei werden.

Versagen während des Prozesses

Kürzlich war ich mit meinem ältesten Sohn im Auto unterwegs und wir kamen an einem Restaurant vorbei. Er fragte: „Dad, warum essen wir dort eigentlich nicht mehr?" Ich konnte kaum glauben, was ich ihm antwortete: „Weil ich dort früher oft mit jemandem zu Mittag gegessen habe, der mich sehr verletzt hat. Ich mag ihn nicht mehr, deshalb mag ich auch das Restaurant nicht mehr."

Diese Bemerkung machte deutlich, dass ich im Prozess der Vergebung versagt hatte. Ich holte eine Sache wieder hervor, in der ich jemandem bereits vergeben hatte, und blickte nicht nur für mich selbst darauf zurück, sondern redete auch in Anwesenheit einer anderen Person darüber. Jetzt war *ich* derjenige, der sündigte. Um das wieder in Ordnung zu bringen, betete ich: „Herr, vergib mir, dass ich mich wieder mit der Schuld dieses Menschen beschäftigt habe. Ich habe ihm vergeben, Herr. Vergib mir meine Sünde. Du hast mir so viel vergeben. Wie kann ich mich da weigern, anderen zu verzeihen?"

Anschließend musste ich zur Krise zurückkehren und von Neuem mit dem Prozess der Vergebung beginnen, indem ich mir sagte: „Ich werde es der Person nicht vorhalten, es sei denn zu ihrem Nutzen. Ich werde es anderen gegenüber nicht ansprechen. Und ich werde es mir selbst nicht mehr vor Augen führen."

Billige Gnade und therapeutische Vergebung

Einige Leute lehren, dass wir erst vergeben müssen, wenn die Person, die an uns schuldig geworden ist, Reue zeigt. Sie führen oft Lukas 17,3 an: „Wenn dein Bruder sündigt, so weise ihn zurecht, und wenn er es bereut, so vergib ihm!" Diese Stelle wird zu Unrecht benutzt, um eine verspätete Form der Vergebung zu lehren, die irgendwie von Bitterkeit befreit und dennoch den eigentlichen Akt der Vergebung zurückhält, bis es demjenigen, der schuldig geworden ist, leidtut. Jene, die diese Position vertreten, führen verschiedene Argumente an, denen an dieser Stelle widersprochen werden muss. Es wird beispielsweise gesagt, dass bedingungslose Vergebung nicht dem Muster Gottes entspräche, der uns nur vergebe, wenn wir Buße täten (Epheser 4,32). Das ist aber nicht richtig. In Christus wurde uns „vor Grundlegung der Welt" vergeben (Epheser 1,4), und im Augenblick der Buße teilt Gott uns durch den Heiligen Geist mit, was noch vor unserer Geburt in seinem Herzen durch Gnade beschlossen wurde.

Außerdem wird uns gesagt, dass bedingungslose Vergebung egoistisch sei. Anders ausgedrückt: Für den Entschluss, der Person ihr Vergehen nicht vorzuhalten, sei es erforderlich, zunächst auf ihre Reue zu warten; andernfalls würden wir nur in unserem eigenen Interesse vergeben und nicht am Wohl der schuldig gewordenen Person arbeiten. Der Gedanke ist, dass wir die Art und Weise widerspiegeln müssen, wie Gott vergibt, der uns nicht mehr an unsere Sünde erinnert, nachdem er uns einmal vergeben hat. In Wirklichkeit ruft Gott uns aber Sünde in Erinnerung, die er vergeben hat, wenn es zu unserem Nutzen ist. Biblische Ausdrücke, die die Vergebung unserer Sünde beschreiben, wie zum Beispiel dass sie *„in die Tiefen des Meeres"* geworfen werden, bedeuten nur, dass Gott uns unsere Sünde nicht vorhält, wenn er sie uns vergeben hat. Wenn ein Mensch beispielsweise mit Lust zu kämpfen hat, mag der Herr ihm zwar seine vergangenen Sünden vergeben haben, aber der Heilige Geist wird ihn unter Umständen dennoch an diese Sünde erinnern, damit er in einer bestimmten Situation nicht unweise handelt und wieder in diese Sünde fällt. Deshalb ziehe ich es vor, der Definition vom Prozess der Vergebung den Ausdruck „es sei denn zu ihrem Nutzen" hinzuzufügen, um dadurch die Art und Weise wiederzugeben, wie Gott vergibt.

Mehr als neun von zehn Stellen im Neuen Testament, die sich mit Vergebung beschäftigen, fordern zu einer unbegrenzten, sofortigen und bedingungslosen Vergebung auf. Ich glaube, wenn man alle Bibelstellen zum Thema Vergebung miteinander in Einklang bringt, versteht man Lukas 17,3 am besten so, dass hier vom *Aussprechen* der Vergebung die Rede ist. Mit anderen Worten, sprechen Sie erst dann mit Ihrem Bruder über die Vergebung, die Sie ihm bereits gewährt haben, wenn er seine Sünde einsieht und sie bereut.

Außer dem Zeitpunkt, wann wir vergeben sollten, lehren manche Leute, dass Vergebung, die uns von Bitterkeit und Ärger befreit, egoistisch motiviert ist, und dass es irgendwie liebevoller ist, die Vergebung zurückzuhalten, bis die entsprechende Person Reue zeigt. In Wirklichkeit sind die persönlichen Vorteile einer bedingungslosen Vergebung, wägt man sie gegen die emotionalen und geistlichen Konsequenzen einer unversöhnlichen Haltung ab, genau die Beweggründe, die der Heilige Geist die neutestamentlichen Schreiber hervorheben ließ. Es ist weder egoistisch noch „therapeutisch", die Vorteile anzunehmen, die Gott an unseren Gehorsam geknüpft hat.

Lassen Sie mich noch einmal zusammenfassend sagen: Vergebung beginnt mit einer Krise und setzt sich fort durch einen Prozess. Wenn ich während des Prozesses versage, muss ich zur Krise zurückkehren. Mit der Zeit werde ich die Heilung und den Segen erfahren, die Gott im Leben einer wirklich vergebenden Person vorgesehen hat.

Wann werde ich den Segen sehen?

Unsere Herzen täuschen uns manchmal; deswegen werde ich hin und wieder gefragt: „Wie kann ich wissen, ob ich jemandem wirklich vergeben habe?" Um diese Frage zu beantworten, sehen wir uns Epheser 4,31–32 an, wo der Apostel Paulus schreibt: „Alle Bitterkeit und Wut und Zorn und Geschrei und Lästerung sei von euch weggetan, samt aller Bosheit! Seid aber zueinander gütig, mitleidig, und vergebt einander, so wie auch Gott in Christus euch vergeben hat!" In diesen Versen finden wir sowohl die Konsequenzen einer unversöhnlichen Haltung als auch den Segen echter Vergebung – und zwar in vierfacher Form.

Erstens: *Wenn Sie vergeben, werden negative, schädliche Gefuhle nach und nach verschwinden.* Sie fragen: „Welche negativen Gefühle?" – In Epheser 4,31 werden sechs von ihnen aufgelistet. Haben Sie sie erkannt? Lassen Sie uns jedes Wort einzeln durchgehen:

1. *Bitterkeit.* – Das griechische Wort, das mit „Bitterkeit" übersetzt wurde, beinhaltet den Gedanken an schneiden. Bitterkeit schneidet uns innerlich in Stücke. Es ist die angespannte,

gereizte Haltung, die permanente Feindseligkeit, die einen Menschen zu einer harten Meinung über andere tendieren lässt. Zu ihr gehören: beißende Kritik im Herzen, ein mürrischer Gesichtsausdruck, giftige Worte. So viele Leute sind innerlich bitter! Warum? Weil sie an der Vergebung gescheitert sind. Vielleicht ist Bitterkeit aber gar nicht Ihr Problem. Ihr Problem ist womöglich ...

2. *Wut.* – Gemeint ist tief sitzender Ärger, der auf ungelöste Langzeitprobleme zurückzuführen ist. Wut macht das Herz zu einem Hochofen. Je mehr Brennmaterial Sie ihm geben, desto heißer wird er – aber immer köchelt und brennt er direkt unter der Oberfläche. Das unterschiedet sich nur minimal von ...

3. *Zorn.* – Zorn ist ein vorübergehender Erregungszustand, ein Wutanfall. Es ist die Hand, die irgendetwas umwirft. *Peng!* Es ist eine Explosion, die sich allmählich in Luft auflöst. Zorn tritt in Partnerschaften häufig zusammen auf mit ...

4. *Geschrei.* – Geschrei kommt bei Streitigkeiten in der Beziehung vor. Es ist die laute Selbstsicherheit eines unversöhnlichen Menschen, der von jedem verlangt, seiner Klage zuzuhören. Mit Geschrei will man sich Gehör verschaffen, ob der andere es will oder nicht. Es ist ein negativer Gefühlsausdruck, ein Symptom einer unversöhnlichen Haltung. Und dann ist da noch ...

5. *Lästerung.* – Gemeint ist böses Reden. Es stammt von dem griechischen Ausdruck, der oft mit „Gott lästern" übersetzt wird. Es richtet sich jedoch nicht nur gegen Gott, sondern auch gegen andere Menschen. Lästernde Worte sind kühl und berechnend und sollen verletzen. Lästerung schert sich nicht um andere Personen und sagt, was sie will, ganz egal, ob

andere dabei verletzt werden. Möglicherweise haben Sie sich schon einmal gefragt, wieso Menschen so sind. Der Grund ist ihr unversöhnliches Herz. Und zum Schluss kommt ...

6. *Bosheit.* – Bosheit ist die böse Neigung des Geistes, die Fähigkeit, Böses zu erkennen und es zu tun. Es bedeutet buchstäblich „Schlechtigkeit des Herzens". Bosheit sagt: „Ich will mich so fühlen. Ich werde nicht davon ablassen. Mir ist egal, was du sagst. Ich bin völlig im Recht damit, so zu fühlen!"

Wenn Sie irgendeine dieser Eigenschaften pflegen, zerstören Sie sich selbst. Sie hinterlassen eine Schneise der Zerstörung wie ein Tornado, der über ein Weizenfeld fegt, und schaden damit den Menschen, von denen Sie geliebt werden, denen, die Ihnen am nächsten stehen. Wenn Sie sich jedoch entschließen zu vergeben, werden diese negativen, schädlichen Eigenschaften aus Ihrem Leben verschwinden.

Zweitens: *Wenn Sie vergeben, können Verhaltensweisen einsetzen, die der Heilung förderlich sind.* Vers 32 beginnt mit: „Seid aber zueinander gütig." Die mit „seid gütig" übersetzten Worte sind nicht als allgemeine Aufforderung zu verstehen, wie wir die Menschen behandeln sollen, die uns sympathisch sind; es bedeutet nicht: „Seid nett zu den Menschen, die ihr mögt." Der Kontext macht deutlich, dass gemeint ist: „Seid gütig – ohne Vorbehalt – zu den Menschen, denen ihr vergeben musstet." Es ist eine Frucht der Vergebung, und es ist ein Verhalten, das einen Herzenswandel offenbart. Freundlichkeit, die von einem unversöhnlichen Herzen erzwungen wird, führt nur zu mehr Wut. Haben Sie Ihrem Vorgesetzten schon einmal etwas nachgetragen und er wusste überhaupt nichts davon? Stellen Sie sich vor, das sei so, und nun kommt er zu Ihnen und fragt Sie: „Würde es Ihnen etwas ausmachen, mir bei dieser Sache zu helfen? Ich ersticke momentan in Arbeit!" Sie denken: *Ich kann nicht glauben, dass er mich heute* schon wieder *fragt!* Sie werden es ihm wahrscheinlich nicht sagen, aber Ihre Haltung zeigt, dass in Ihrem Herzen etwas nicht stimmt. Sie können zu dieser Person einfach nicht uneingeschränkt freundlich sein.

Wenn Sie nicht freundlich sein können, ist klar, dass irgendwo in Ihnen Unversöhnlichkeit steckt.

Drittens: *Wenn Sie vergeben, wächst eine heilende Haltung in Ihnen heran.* Hier geht es um Mitleid und Weichherzigkeit, um die Bereitschaft, den Schmerz anderer zu spüren. Sie sagen vielleicht: „Ich will den Schmerz dieser Person nicht fühlen. Keine Chance! Ich würde mich über ihren Schmerz freuen!" – Das ist Unversöhnlichkeit. Doch wenn Sie bereit sind, sich in den anderen hineinzuversetzen, fangen Sie an zu denken: *So schrecklich diese Sünde auch war, diese Person wurde wahrscheinlich selbst stark verletzt, sodass sie mir das angetan hat.* Wenn Sie beginnen, Ihr Herz für den Schmerz des anderen zu öffnen, wenn Sie ein mitleidiges Herz für die Person haben, die Sie gekränkt hat, dann ist die Vergebung nah.

Viertens: *Wenn Sie vergeben, wird das Beispiel Christi geehrt.* „Seid aber zueinander gütig, mitleidig, und vergebt einander, so wie auch Gott in Christus euch vergeben hat" (Epheser 4,32). So wie Christus uns vergeben hat, so sollen wir vergeben – genau so. Genauso schnell. Genauso vorbehaltlos. Genauso umfassend. Genau wie Jesus. So sollen wir vergeben.

Das Entscheidende für Sie und Ihre Familie

Das Fazit dieses Kapitels lautet: Ohne Vergebung gibt es keine dauerhaften Beziehungen. Ich bin mir sicher, dass Sie eine Menge Träume für Ihre Familie haben. Doch ohne Vergebung werden Sie sie nie realisieren können. An Vergebung führt kein Weg vorbei.

Wenn Sie es in Ihrer Ehe bis zur goldenen Hochzeit schaffen wollen, dann werden Sie in vielen großen und in noch mehr kleinen Situationen vergeben müssen. Wenn Ihnen Vergebung schwerfällt, steht Ihrer Familie zukünftig viel Leid bevor. Doch die gute Nachricht ist: Sie können lernen zu vergeben. Gott möchte Ihnen dabei helfen. Nie sind wir Christus ähnlicher, als wenn wir uns entschließen, anderen zu vergeben.

Es ist an der Zeit zu vergeben; es fängt mit einer Entscheidung an. Sie können den Prozess der Vergebung nicht erfolgreich bestreiten, solange Sie nicht die Krise der Vergebung hinter sich gebracht haben. Wer ist die Person, die Sie beim Lesen dieses Kapitels vor Ihrem geistigen Auge hatten? Ist es ein Elternteil? Ein Bruder oder eine Schwester? Vielleicht hat Ihr Kind Sie verletzt und weiß es gar nicht. Entschließen Sie sich zu vergeben. Sagen Sie der betreffenden Person in Gedanken: „Ich habe mich entschieden, dir nicht nachzutragen, dass du mich verletzt hast. Du schuldest mir nichts. Ich vergebe dir."

Während meines inzwischen fast zwanzigjährigen Pastorendienstes habe ich gelernt (und auch in meinem eigenen Leben konnte ich es feststellen), dass die Fähigkeit, anderen zu vergeben, direkt mit dem Verständnis dessen verbunden ist, wie sehr Gott uns liebt.

Wenn meine Vorstellung von der Liebe Gottes sehr gering ist, ist auch meine Fähigkeit, andere zu lieben, sehr gering. Paulus sagte: „Die Liebe Christi drängt uns" (2. Korinther 5,14). Ich erlebe so häufig, dass die Kinder Gottes mehr Einsicht benötigen. Gott liebt uns nicht etwa so, wie unsere Eltern es tun. Mit unseren menschlichen Erfahrungen können wir Gottes Liebe nicht annähernd begreifen. Gottes Liebe ist vollkommen und bedingungslos.

Ein Gebet, das Sie nach oben zieht

Danke, Herr, für dein Beispiel. Ich bekenne, dass ich dir nicht so ähnlich bin, wie ich es gerne wäre. Dein Vorbild in Sachen Vergebung ist so stark und so klar und so rein.

Herr, oft bin ich so kleinlich, und damit verletze ich mich selbst und die Menschen, die ich liebe. Ich bitte dich, mir die Menschen vor Augen zu führen, gegen die ich Groll und Unversöhnlichkeit hege, vor allem die innerhalb meiner Familie. Ob der Vorfall, um den es geht, nun in der vergangenen Woche stattfand oder viele Wochen oder sogar Monate zurückliegt, bitte erinnere mich an diese Personen.

Gott, ich bitte dich, schenke mir durch deinen Geist die Gnade und den Glauben, daran festzuhalten, dass deine Wege die besten sind, und hilf mir, mich bewusst zu entschließen, anderen zu vergeben.

Gib mir die Kraft, das zu tun, wovon ich weiß, dass es richtig ist. Das bitte ich im Namen Jesu. Amen.

Überlegungen, die tiefer gehen

Vergebung ist ein großes Thema im Leben Jesu und in seinen Lehren. Schauen Sie sich die folgenden Stellen aus den vier Evangelien an, von denen jede weitere Einsichten über die Einstellung Christi zum Thema „Vergebung" liefert: Matthäus 6,12.14–15; Markus 11,25–26; Lukas 23,33–43; Johannes 8,1–11. Was stellen Sie in diesen Versen fest? Schreiben Sie auf, was Ihnen aufgefallen ist. Aber sehen Sie es nicht als reine „Verstandesübung". Welche persönlichen Anwendungen können Sie daraus für Ihr Leben ziehen? In welchen Punkten sollten Sie Ihr Leben aufgrund dieser Aussagen ändern?

Anregungen zur Umsetzung

Nehmen Sie sich ein Stück Papier und einen Stift und gehen Sie vor dem Herrn in die Knie. Fragen Sie ihn im Gebet: „Wem muss ich vergeben? Gegen wen hege ich sündige Gefühle der Bitterkeit und Unversöhnlichkeit? Erforsche mein Herz, Herr, und zeige mir diese Menschen." Während Gott sie Ihnen ins Gedächtnis ruft, schreiben Sie die Namen auf. Neben jedem Namen notieren Sie, wodurch die betreffende Person Sie verletzt hat, und schreiben Sie auch auf, welche negativen Auswirkungen ihr Handeln auf Ihr Leben hatte. Anschließend halten Sie auf der Seite fest, dass Sie jeder einzelnen Person ihr Handeln vergeben (das ist die Krise). Dann bitten Sie den Herrn, dass er Ihnen seine Kraft gibt, die eben erteilte Vergebung in jedem Augenblick zu leben (das ist der Prozess).

Kapitel 3 // Wort 2: Segen[1]

Tief im Herzen sehnt sich jeder Mensch nach der Anerkennung seiner Eltern. Unser ganzes Leben lang streben wir danach. Wenn wir sie nicht von unseren eigenen Eltern bekommen, suchen wir woanders danach, und unser Herz bleibt ruhelos, bis wir den Segen gefunden haben. Wenn wir ihn dann empfangen, bekommt unser Leben eine unvergleichliche Erfüllung und Sicherheit.

Segen ist kein neues psychologisches Konstrukt. Es gibt ihn schon lange. Wir finden ihn bereits im ersten Buch der Bibel. Erinnern Sie sich noch an Abraham? Nachdem sich die Menschen ungefähr zweitausend Jahre lang für die Sünde entschieden hatten statt für die Gemeinschaft mit Gott und den Gehorsam gegenüber seinen Gesetzen, beschloss Gott, sich auf ein Volk zu konzentrieren, um zu testen, ob dieses Volk den Weg des Gehorsams gehen würde. Abraham war der Mann, den Gott als Vater dieses neuen Volkes auserwählte.

Der Segen des Erstgeburtsrechts

Abraham hatte einen Sohn namens Isaak; Isaak wiederum hatte zwei Söhne: Jakob und Esau. Esau war der Erstgeborene und entsprechend der Tradition jener Zeit stand ihm ein wesentlicher Teil des Familienbesitzes zu; das nannte man Erstgeburtsrecht. Aber Isaaks Frau Rebekka hatte einen anderen Plan. Wie es bei Müttern hin und wieder vorkommt, bevorzugte sie den jüngeren Sohn, Jakob, und so ließen sie und ihr „Baby" sich etwas einfallen, um Isaak auszutricksen, damit er seinen Segen nicht dem Erstgeborenen Esau, sondern Jakob gab.

In 1. Mose 27,30–32 steht, was als Nächstes geschah:

Und es geschah, sobald Isaak geendet hatte, Jakob zu segnen, ja, es geschah, als Jakob gerade eben von seinem Vater Isaak hinausgegangen war, da kam sein Bruder Esau von seiner Jagd. Und auch er bereitete einen Leckerbissen, brachte ihn zu seinem Vater und sagte zu seinem Vater: Mein Vater richte sich auf und esse von dem Wildbret seines Sohnes, damit deine Seele mich segne! Da sagte sein Vater Isaak zu ihm: Wer bist du?

„Wer bist du?" – Seltsam, dass ein Vater das seinen eigenen Sohn fragt, mag man denken, doch im selben Kapitel erhalten wir zuvor die Information, dass Isaak schon sehr alt war und nicht mehr gut sehen konnte. Wir lesen weiter:

Ich bin dein erstgeborener Sohn Esau. Da erschrak Isaak mit großem Schrecken über alle Maßen und sagte: Wer war denn der, der ein Wildbret erjagt und mir gebracht hat, dass ich von allem gegessen habe, bevor du kamst, und ich ihn gesegnet habe? Er wird auch gesegnet bleiben. Als Esau die Worte seines Vaters hörte, da schrie er mit lautem und erbittertem Geschrei über alle Maßen und sagte zu seinem Vater: Segne mich, auch mich, mein Vater! Er aber sagte: Dein Bruder ist mit Betrug gekommen und hat deinen Segen weggenommen.
Verse 32–35

Hören Sie das große Leid in Esaus lautem und bitterem Schrei? – „Segne mich, auch mich, mein Vater!" Kurz darauf bat Esau seinen Vater ein zweites Mal: „Hast du nur diesen einen Segen, mein Vater? Segne mich, auch mich, mein Vater! Und Esau erhob seine Stimme und weinte" (Vers 38). Bedenken Sie, dass Esau nicht etwa ein verweichlichter, unmännlicher und emotionaler Mann war. Im Gegenteil! Er hätte wahrscheinlich sehr gut auf das Cover eines Outdoor-Magazins gepasst. Esau war ein Fischer und ein Jäger. Die Bibel sagt außerdem, dass er ein sehr behaarter

Mann war (1. Mose 25,25.27). Esau war nach heutigen Maßstäben offensichtlich sehr männlich. Und dieser Mann, obwohl er zu jenem Zeitpunkt bereits vierzig Jahre alt gewesen sein könnte, weinte nun wie ein Baby, weil sein Vater ihm nicht den Segen gab.

Wir können viel aus dieser Begebenheit lernen ...

Wir alle sehnen uns nach dem Segen

Wir alle sind Esau viel ähnlicher, als wir gerne zugeben würden. Ja, tief im Herzen sehnt sich jeder Mensch nach der Anerkennung seiner Eltern. Wir wünschen uns das sichere Gefühl, dass unsere Mutter und unser Vater uns kennen, lieben und schätzen, dass sie stolz auf uns sind und unsere Leistungen anerkennen. Vom Vorschulkind, das aus dem Sandkasten ruft: „Papa, schau, was ich gemacht habe“, und dem jungen Kind, das nervös herumzappelt, während sich Mama die Noten im Schulzeugnis anschaut, bis zum Teenager, der sich für die Abschlussfeier der Schule fertig gemacht hat und fragt: „Wie sehe ich aus?“, und dem Erwachsenen, der es kaum erwarten kann, dass sich Mama und Papa das neue Haus, das neue Auto oder den neugeborenen Säugling ansehen – wir alle sehnen uns nach dem Segen unserer Eltern.

Ich habe schon Leute sagen hören: „Ich brauche diesen Segen nicht; meine Eltern haben ihn mir nie gegeben, und wenn sie es täten, wäre es mir auch egal.“ Aber ich habe auch gesehen, wie sich dieselben Leute komplett veränderten, als sie den elterlichen Segen, die ersehnte Anerkennung bekamen. Fast augenblicklich wurden aus unsicheren Menschen stabile Persönlichkeiten. Ich habe jemanden sagen gehört: „Ich würde nicht einmal eine Fünf-Cent-Münze von meinem alten Herrn annehmen. Ich halte es kaum aus, ihn überhaupt anzusehen!“ Und dann habe ich mitbekommen, wie dieselbe Person in ein Flugzeug stieg und quer durchs Land reiste, um am Sterbebett ihres Vaters ein liebevolles und lobendes Wort zu hören.

Ich sage es noch einmal: Im Herzen eines jeden Menschen ist etwas, das sich nach dem Segen sehnt. Unser Vater im Himmel hat diese Sehnsucht in uns hineingelegt.

Was ist der Segen?

Aber worüber genau sprechen wir hier eigentlich? Was ist der Segen und wie sieht er aus? *Der Segen besteht aus Worten, die Zuneigung, Vertrauen und Anerkennung einer bestimmten Person gegenüber zum Ausdruck bringen.* Im Alten Testament wurde durch den Segen Gunst und Anerkennung verliehen; er drückte die Übergabe von materiellen und geistlichen Privilegien an den Empfänger aus. Er wurzelte nicht nur in dem Verhalten oder in den Leistungen eines Kindes, sondern darin, wer das Kind war. Obschon der Segen einem Kind während des Erwachsenwerdens in gewisser Hinsicht informell erteilt wurde, gab es in jeder jüdischen Familie einen Zeitpunkt für eine offizielle Segnungszeremonie. Und obwohl der Erstgeborene den Vorrang hatte, bekam jedes Kind einen Segen.

Der hebräische Vater rief ein paar seiner Freunde zusammen, und gemeinsam versammelten sie sich im Kreis um den Sohn oder die Tochter, der beziehungsweise die gesegnet werden sollte. (Den Segen erhielten sowohl männliche als auch weibliche Nachkommen, auch wenn es bei den Männern ein größeres Bedürfnis danach gegeben zu haben scheint.) Normalerweise fand die Zeremonie irgendwann zwischen dem vierzehnten und dem sechzehnten Lebensjahr statt. Jeder anwesende Erwachsene gab einsichtige und weise Worte voller Glauben und Überzeugung an die Person, die gesegnet wurde, weiter. Diese Botschaften sollten die Grundlage bilden, auf der der junge Mensch seine Zukunft aufbauen konnte.

Im Anschluss an diese Prozedur hob der Vater den Jugendlichen auf seine Schultern und tanzte feierlich mit ihm durch den Raum. Damit bekundete er vor seinen Freunden: „Das ist mein geliebter Sohn (oder meine geliebte Tochter), an dem (an der) ich großen Gefallen habe." Diese Zeremonie war der Höhepunkt, aber ebenso wichtig waren die zahllosen kleinen Segnungen, die Tag für Tag erfolgten. Die Geschichte des Segnens begann nicht erst mit Isaak in 1. Mose 27. Die Schrift berichtet, dass Gott vorher bereits Abraham segnete; Abraham segnete Isaak; Isaak segnete Jakob; Jakob segnete seine zwölf Söhne und seine beiden Enkel.

Sicherlich erinnern Sie sich an die Geschichte in Markus 10, wo kleine Kinder zu Jesus gebracht wurden. Seine Jünger sagten: „Jesus ist zu beschäftigt. Er hat keine Zeit für euch." – „Als aber Jesus es sah, wurde er unwillig und sprach zu ihnen: Lasst die Kinder zu mir kommen! Wehrt ihnen nicht! ... Und er nahm sie in seine Arme, legte die Hände auf sie und segnete sie" (Verse 14.16).

Einige von Ihnen sagen jetzt vielleicht: „Ich weiß, dass ich keinen Segen von meinen Eltern bekommen habe." Möglicherweise haben Sie recht. Aber das, worum es beim Leben in Christus vor allem geht, ist das Zerbrechen der Ketten der Vergangenheit. Als Erwachsener müssen Sie sich freimachen von der Frage „Was habe ich von meinen Eltern bekommen?", und Sie müssen erkennen, dass möglicherweise schon Ihre Eltern selbst diesen Segen nicht empfangen haben. Ich bin Gott sehr dankbar für das Privileg, bereits in der vierten Generation von Nachfolgern Jesu Christi zu stehen, und ich bin überaus dankbar für den Urgroßvater, mit dem alles anfing. Sie sind vielleicht der erste Christ in Ihrer Familie, derjenige, der entscheiden kann: „Mit mir wird der Segen anfangen." Gott hat Ihnen eine große Chance gegeben! *Sie* können die Ketten der Vergangenheit zerbrechen! *Sie* können der Erste in einer Abstammungslinie von Menschen sein, die die Dinge tun, die Gott uns in seinem Wort geboten hat.

Vielleicht sind Sie kinderlos und Sie sagen sich: „Ich habe keine eigenen Kinder, denen ich den Segen geben könnte", aber wie viele Kinder gibt es in Ihrem Leben? Wie viele Kinder kennen Sie, deren Eltern nicht über die Weisheit verfügen, um ihren Kindern den Segen weiterzugeben? Jeder Erwachsene hat in irgendeiner Weise mit Kindern zu tun und könnte bei diesen das von Gott gegebene Bedürfnis stillen, nach dessen Erfüllung sich jeder Mensch sehnt.

Den Segen vermitteln

Jetzt fragen Sie vielleicht: „Wie kann ich diesen Segen vermitteln?" Ich nenne Ihnen fünf Schritte, mit denen jedes Elternteil dafür sorgen kann, dass der Segen seine Kinder regelmäßig und wirksam erreicht.

1. Durch körperliche Berührung

Gehen wir noch einmal zu 1. Mose 27 zurück. Obgleich Jakob seinen Vater betrog, um den Segen zu empfangen, der ihm nicht zustand, finden wir dort wichtige Grundsätze, die uns zeigen, wie wir den Segen übermitteln können. Der erste ist: körperliche Berührung. Sehen Sie sich in den Versen 26 und 27 an, *wie* Isaak Jakob segnete. Die Schrift sagt: „Dann sagte sein Vater Isaak zu ihm: Tritt doch heran und küss mich, mein Sohn! Da trat er heran und küsste ihn." Jakob ist über vierzig Jahre alt und er küsst seinen Vater. Das gefällt mir! Ich könnte einige Zeit damit verbringen, auf die Geschichte körperlicher Zuneigungsbekundungen in der westlichen Welt einzugehen, aber ich möchte Ihnen nur mein Fazit nennen: Wenn es um körperliche Zuneigungsbekundungen geht, sind die meisten von uns schwer gehemmt. Es ist schon irgendwie tragisch, wenn sich ein dreizehn- oder vierzehnjähriger Junge unwohl fühlt, wenn es darum geht, Zuneigung zum eigenen Vater auszudrücken. Oder aber der Vater selbst ist zu unbeholfen – sogar wenn seine Kinder noch klein sind.

Es wurde viel über die heilende, förderliche und bestätigende Kraft der Berührung geschrieben, und es ist überaus traurig, dass es trotzdem keine Auswirkungen auf das Familienleben hat. Untersuchungen zeigen, dass eine körperliche Berührung den Blutdruck senken, Kinder vor vorehelichen Sexualkontakten bewahren und das Leben um bis zu zwei Jahre verlängern kann.[2]

In den letzten Jahren hat ein Arzt in einem Krankenhaus bei uns in der Gegend an einer Studie gearbeitet, die sich damit befasste, inwieweit sich körperliche Berührungen auf die Patienten auswirken. Jeden Tag beobachtete er eine große Anzahl von Patienten, die er in zwei Gruppen einteilte. Bei der ersten Gruppe war er zurückhaltend und distanziert. Er betrat das Krankenzimmer und sprach nur über Fakten: „Ja, Ihre Ergebnisse liegen vor", und: „Morgen wissen wir mehr", und: „Hier sind Ihre Medikamente." Er machte sich Notizen und verließ den Raum anschließend wieder.

Bei der zweiten Patientengruppe zeigte er viel größere Nähe, er setzte sich auf ihre Bettkante und legte seine Hand auf einen Arm oder auf ein Bein. In freundlichem Ton fragte er sie: „Wie fühlen Sie sich heute?" und: „Wie geht es Ihnen?"

Bei der Entlassung wurden alle Patienten gebeten, ein Formular auszufüllen, mit dem sie die ihnen zuteil gewordene Pflege bewerten sollten. Die Patienten, bei denen der Arzt köperliche Nähe gezeigt hatte, behaupteten ausnahmslos, dass dieser doppelt so viel Zeit mit ihnen verbracht hätte, obwohl er in Wirklichkeit gar nicht mehr Zeit für sie aufwandte als für die Patienten, denen gegenüber er sich distanziert und reserviert gezeigt hatte.[3] Das ist ein aussagekräftiges Beispiel dafür, wie körperliche Berührung Liebe vermitteln kann.

Marilyn Monroe ist uns als ein Beispiel für eine Person in Erinnerung, die nach der Erfüllung einer dauerhaften Liebesbeziehung suchte, sie aber selten fand. Was kaum bekannt ist, ist, dass diese Frau bereits eine traurige Kindheit hatte. Marilyn hatte nie ein richtiges Zuhause, sondern wurde von Pflegefamilie zu Pflegefamilie und von Haus zu Haus weitergereicht. Viele Jahre später wurde sie in einem Interview gefragt: „Gab es damals, als Sie von Familie zu Familie gereicht wurden, je einen Moment, in dem Sie das Gefühl hatten, geliebt zu werden?" Sie antwortete: „Einmal, als ich sieben oder acht Jahre alt war. Die Frau, bei der ich damals lebte, trug ihr Make-up auf, während ich sie beobachtete. Gut gelaunt streckte sie ihre Hand aus und tupfte etwas Rouge auf meine Wangen." Mit Tränen in den Augen sagte Marilyn Monroe: „In diesem Moment fühlte ich mich von ihr geliebt."[4]

Dr. Ross Campbell stellte fest, dass Männer und Frauen mit der Prostitution anfingen, weil sie den Wunsch verspürten, berührt und gehalten zu werden: „Nach alldem, was ich gelesen und erlebt habe, ist mir keine sexuell orientierungslose Person begegnet, die einen warmherzigen, liebevollen und fürsorglichen Vater hatte."[5] Trotzdem haben wir zahlreiche schwache Ausreden parat, weshalb wir die körperliche Nähe unserer Kinder meiden. Sie kennen Sie sicher auch! Hier sind nur einige davon:

- *„Ich zeige meine Liebe durch mein Handeln."* – Das ist ein sehr schwaches Argument! Als wäre die Vermittlung von Liebe und Segen an unsere Kinder eine Demonstration, eine Vorführung. Sind Kinder etwa kleine Detektive, die die Puzzleteile zusammensetzen? – *Ich glaube, er liebt mich ... vielleicht ... aber sicher bin ich mir nicht ...* – Wir sollten unsere Zuneigungen nicht auf subtile Weise zeigen! Ein Kind sollte nicht erst die Punkte miteinander verbinden müssen, um zu erkennen, dass seine Eltern es lieben. Das Leben unserer Kinder sollte erfüllt sein von Liebe, Annahme und Segen.

- *„Ich fühle mich unwohl dabei."* – Wenn es Ihnen schwerfällt, Ihren Kindern zum Beispiel durch eine Umarmung das Gefühl zu vermitteln, dass sie geliebt und angenommen sind, liegt das wahrscheinlich daran, dass Sie selbst solche körperliche Zuneigung nicht von Ihren Eltern bekommen haben. Möge Gott uns helfen, diese eigenen Defizite hinter uns zu lassen und all das für unsere Kinder zu sein, was wir für sie sein sollen.

- *„Ich halte das nicht für so wichtig. Ich kann es mit anderen Dingen wettmachen."* – Aussagen wie diese machen mich verrückt. Ich verlange hier nicht, dass Sie sich den rechten Arm abhacken; gebrauchen Sie vielmehr Ihre Arme, Augen und Lippen, um Ihren Kindern wortlos eine lebensverändernde Botschaft zukommen zu lassen. Und das ist nicht nur für zwei- oder dreijährige Kinder wichtig, sondern ebenso für zwölf- und dreizehnjährige, und auch für Ihre Kinder, die bereits zwanzig oder dreißig sind. Ich kann gar nicht genug betonen, wie wichtig es ist.

- *„Ich will es ja nicht übertreiben."* – Haben Sie etwa schon mal jemanden sagen gehört: „Ich bin so verkorkst, weil mich meine Eltern ständig umarmten, als ich noch ein Kind war"? Ich noch nie! – „Ich bin so verkorkst! Ich komme mit dem Leben nicht zurecht, weil mein Vater und meine Mutter mich so oft gedrückt und geküsst haben, dass ich geradezu verrückt geworden bin!" – Als wäre das möglich ...!

2. Durch gesprochene Worte

Kommen wir zum zweiten Schritt, wie wir Segen weitergeben können: durch gesprochene Worte. Ein Segen ist kein Segen, solange er nicht ausgesprochen wird. Eine körperliche Berührung können Sie am besten bekräftigen durch die Worte, die Sie zu Ihren Kindern reden. Die Schrift sagt uns: „Tod und Leben sind in der Gewalt der Zunge“ (Sprüche 18,21). „So ist auch die Zunge ein kleines Glied und rühmt sich großer Dinge“ (Jakobus 3,5).

Die Zunge kann in unseren Häusern und bei unseren Kindern eine zerstörerische Kraft haben. Wie vielen Erwachsenen machen die negativen Worte, die sie als Kinder zu hören bekommen haben, immer noch zu schaffen! „Du Idiot!“ – „Du bist so dumm!“ – „Es macht mich krank, dass du ...“ – „Du wirst es nie lernen!“

Doch obwohl die Zunge zweifellos eine zerstörerische Kraft besitzt, kann sie ebenso bereichern und stärken. Unsere Worte können die Menschen, die wir lieben, aufbauen und segnen. Hier einige Worte, die in unseren Häusern unentwegt ausgesprochen werden sollten:

- *Worte der Zuneigung.* Immer und immer wieder sollten wir zu Hause die Worte „Ich liebe dich“ sagen. Der Mann sollte es zu seiner Frau sagen, die Frau zum Mann, die Kinder zu den Eltern, die Eltern zu den Kindern. Ich finde es unfassbar, was ein Mann zu seiner Frau gesagt haben soll: „Ich habe dir an unserem Hochzeitstag gesagt, dass ich dich liebe, und wenn ich meine Meinung ändere, wirst du es erfahren.“ – Wie dumm! „Ich liebe dich“ sollte der unaufhörliche Refrain der Musik sein, die in unseren Familien gespielt wird.

- *Worte der Versöhnung.* Nach meinem aktuellsten Informationsstand gibt es auf diesem Planeten keine perfekten Menschen. In regelmäßigen Abständen bitte ich in unserer Gemeinde darum, dass die perfekten Menschen doch einmal aufstehen mögen; bisher hat sich daraufhin noch keiner von seinem Platz erhoben. Wir alle sind gefallene Menschen, nicht nur dem Prinzip nach, sondern auch in unserem Verhalten. Jakobus 3,2 erinnert uns daran, dass „wir alle (oft) straucheln.“ Sie und ich haben Fehler. Und da wir fehlerhaft sind, kennen die Personen, die in unserem nächsten Umfeld leben, unsere Fehler am besten. Doch wann haben Sie zu den Mitgliedern Ihrer Familie zum letzten Mal gesagt: „Es tut mir leid. Ich hatte Unrecht. Bitte, vergib mir"? Wenn wir diese Worte nicht aussprechen, machen wir einen großen Fehler.

- *Worte mit Weitblick.* Unsere Worte können unseren Kindern aufzeigen, was sie in ihrem Leben erreichen können. „Du wirst einmal etwas Großes mit deinem Leben anfangen." – „Gott wird dich zu etwas Besonderem gebrauchen." – „Du kannst etwas in dieser Welt bewirken." – „Du wirst einmal eine gottesfürchtige Frau." Worte mit Weitblick fördern Hoffnung und Vertrauen und sie sind ein entscheidender Teil des Segens.

- *Worte der Sicherheit.* Als meine Kinder aufwuchsen, habe ich sie fast jeden Tag gefragt: „Wie lange bleibst du mein Kind?" Dann erwiderten sie schnell: „Für immer!" Es war unser kleines Spiel, aber es machte auch etwas Wichtiges deutlich: Wir müssen unseren Kindern kleine Dinge sagen, um ihren Herzen zu vermitteln, wozu Gott sie geschaffen hat.

Heute haben wir natürlich das Problem, dass Worte Zeit kosten. Im Brautzimmer versucht die Mutter, ihrer Tochter noch schnell ein paar Worte mit auf den Weg zu geben, während der Fotograf schon wartet – aber es ist zu spät. Sie wollte ihrem geliebten Kind noch so viele Dinge sagen, aber die Jahre, die sie mit ihm hatte, sind nun vorbei und mit ihnen die Gelegenheit, ihm den Segen weiterzugeben. Der Vater versucht noch ein paar Worte loszuwerden, bevor der Sohn ins Auto springt und zur Uni aufbricht. Er kann nicht glauben, dass die Jahre einfach so verstrichen sind, und ihm tut es leid um all die Dinge, die er sagen wollte, aber nie gesagt hat.

Ich danke Gott, dass ich Eltern hatte, die das verstanden hatten. Ich hoffe, Sie erlauben mir, Ihnen ein paar persönliche Dinge mitzuteilen, die zeigen, wie wichtig diese Sache in meinem Leben war. Ich habe noch einen Brief, den mein Vater mir am 9. August 1974 schrieb. Er war damals 38 Jahre alt, und obwohl er noch im Begriff war zu lernen, wie man seine Kinder segnet, können Sie erkennen, dass der Ansatz bereits vorhanden war. Mein Vater schrieb: „Dies ist wohl das erste Mal, dass ich dir einen solchen Brief schreibe. Wir alle vermissen dich und freuen uns, dich in der nächsten Woche bei uns zu Hause zu haben. Es ist gut, dass unsere ganze Familie wieder einmal unter einem Dach versammelt sein wird."

Die meisten Sätze in diesem Brief sind relativ banal: „Ich habe die Garage repariert. Das Dach ist fertig. Wir haben Großputz im Haus gemacht. Im Garten reifen die Tomaten heran." Er wusste nicht, was er schreiben sollte. Doch am Ende schaffte er es, mir auf seine Weise das Folgende mitzuteilen: „Versuche, aus den letzten Tagen im Ferienlager noch etwas zu machen. Deine Mutter und ich beten, dass dieser Sommer einen großen Einfluss auf dein Leben als Christ haben wird. In der Erwartung, dich bald wiederzusehen, Dad."

Wer meinen Vater kennt, kann Ihnen bestätigen, dass er heute seine Liebe mit viel passenderen Worten auszudrücken weiß als damals und dass er das seither bei all seinen Kindern immer wieder getan hat. Ich erzähle Ihnen von diesem Brief, weil ich Ihnen Mut machen will. Auch wenn es Ihnen schwerfällt, liebevolle Worte zu finden, und noch schwerer, sie auch zum Ausdruck zu bringen, können Sie doch klein anfangen wie mein Vater und sich von Gott helfen lassen, den Segen in Worte zu fassen.

Vergleichen Sie einmal die oben erwähnten Worte mit einem Segen, den mein Vater Jahre später zu Papier brachte. Sie werden erkennen, wie viel ein Mensch in diesem Punkt dazulernen kann. Diese Worte hat er meiner Frau Kathy an unserem Hochzeitstag geschrieben: „Liebe Kathy, ich schreibe nicht häufig Briefe, aber ich habe mich gedrängt gefühlt, dir heute eine paar ermutigende

Worte zukommen zu lassen." Anschließend führte er einige schwierige Situationen an, die wir zum Zeitpunkt unserer Eheschließung erlebten. Dann schrieb er am Ende seines Briefes die folgenden außergewöhnlichen Worte: „Gott wird euch durch all das hindurchführen, Kathy, wenn ihr euch jeden Tag ihm hingebt und ihm vertraut, dass er die Dinge klärt." Und dann schloss er mit den Segensworten: „Ich gebe dir meinen Sohn. Ich liebe ihn sehr. Ich werde ihn sehr vermissen. Aber ich gebe ihn dir gerne, da du die tüchtige Frau bist, um die ich Gott seit James' Kindheit gebeten habe. – Ihr Wert? ‚Weit über Korallen' (Sprüche 31,10). Das bist du, Kathy. Gott segne euch beide. Er hält große Dinge für euch bereit."

Auch heute noch bin ich überwältigt, wenn ich daran denke, was diese Worte für mich bedeutet haben und nach wie vor bedeuten. Es erinnert mich daran, wie wichtig es ist, dass meine eigenen Kinder ähnliche Worte von mir hören. Möge Gott uns unser Schweigen vergeben, wo unsere Worte doch so viel bewirken könnten. Sprüche 3,27 sagt: „Enthalte Gutes dem nicht vor, dem es gebührt, wenn es in der Macht deiner Hand steht, es zu tun!" Das ist Segen.

3. Indem Sie Ihren Kindern zeigen, dass sie Ihnen wertvoll sind

Schauen wir uns noch einmal Isaaks Segen für Jakob in 1. Mose 27,27 an: „Da trat er heran und küsste ihn. Und als er den Geruch seiner Kleider roch, da segnete er ihn und sprach: Siehe, der Geruch meines Sohnes ist wie der Geruch eines Feldes, das der HERR gesegnet hat." Im Kern des elterlichen Segens steht ein Bild, das zum Ausdruck bringt: „Du bist uns wichtig, wir sorgen uns um dich, für uns bist du etwas Besonderes und ganz einmalig." Dem Kind zu zeigen, dass es wertvoll ist, ist entscheidend für die Entwicklung seiner Identität.

Mir fällt es schwer zu glauben, dass Isaak Jakob riechen wollte, als er von ihm geküsst wurde, aber genau das sagt uns das Wort

Gottes. Können Sie sich das vorstellen? Isaak, mittlerweile ein alter Mann, kommt Jakob nahe – im Glauben, es sei Esau – und umarmt ihn fest, als wollte er sagen: „Junge, du riechst heute *so* gut!“ – „Der Geruch meines Sohnes ist wie der Geruch eines Feldes, das der HERR gesegnet hat.“ Es ist ein Bild. Es ist, als würde Isaak sagen: „Weißt du, was mir in den Sinn kommt, Sohn, wenn ich an dich denke? Ich sehe ein Feld, auf dem Getreide wächst. Ich höre die Vögel singen und sehe, wie die Sonne scheint. Und du stehst mitten in diesem Feld, groß und stark.“ Er vermittelt seinem Sohn eine kraftvolle Botschaft.

Als meine Kinder noch sehr klein waren, habe ich mir für jedes von ihnen Spitznamen ausgedacht. (Ich darf sie Ihnen nicht verraten; sie sind nur für uns bestimmt!) Ich suchte außerdem zwei Worte für jedes Kind aus, die Kathy und ich ihnen immer wieder sagten. Es waren besondere Bilder, die ihnen vermitteln sollten, dass sie wertvoll waren. Die beiden Worte, die wir für Landon wählten (heute ist er vierzehn und hat mir widerwillig erlaubt, die Geschichte in dieses Buch aufzunehmen), waren zum Beispiel „merkwürdig“ und „wunderbar“. Er konnte zu uns kommen und fragen: „Was bin ich, Dad?“, und ich sagte zu ihm: „Du bist merkwürdig und wunderbar, Landon.“ Sie denken jetzt vielleicht, dass *merkwürdig* etwas merkwürdig ist, aber in unserer Familie bedeutet merkwürdig nicht merkwürdig; es bedeutet einzigartig, ausgefallen, anders als andere, besonders und wertvoll.

Manchmal fragten auch wir ihn: „Was bist du, Landon?“, und er antwortete: „Ich bin merkwürdig und wunderbar!“ Und wissen Sie was? Er ist es tatsächlich! Besondere Worte sind eine kraftvolle Möglichkeit, Liebe, Zuneigung und Segen an unsere Kinder weiterzugeben.

Es ist schon lange her, aber ich erinnere mich noch gut daran, als mein ältester Sohn Luke etwa vier Jahre alt war und in die Kinderstunde in unserer Gemeinde ging. Er malte ein Bild aus und ärgerte sich offensichtlich darüber, dass er immer wieder über die vorgezeichneten Linien kam. Luke regte sich so sehr auf, dass er das ganze Papier vollkritzelte. Damals arbeitete eine Dame in unserer Kinderstunde mit, die ein bisschen schwierig war. Sie war ziemlich steif und anspruchsvoll und schien nicht zu wissen, wie sie mit den Kindern so umgehen konnte, dass diese sich wohlfühlten. Als sie sah, was Luke getan hatte, trat sie an seinen kleinen Tisch heran, um ihn zu rügen.

„Sieh dir an, was du gemacht hast! Das war nicht die Aufgabe, die ich euch gestellt habe. Dein Vater ist der Pastor, und er wäre nicht sehr glücklich über dich, wenn er sehen könnte, was du gerade gemacht hast!"

Ohne zu zögern sah Luke zu ihr auf und sagte: „Mein Vater liebt *alles,* was ich mache."

Ist das nicht stark? Natürlich hatte er nicht ganz recht, aber ich freute mich darüber, dass er innerlich diese Sicherheit hatte, um sagen zu können: „Sie müssen mir nicht sagen, was mein Vater von mir hält. Ich mag zwar erst vier Jahre alt sein, aber ich *weiß,* was er von mir denkt!" Wir Eltern müssen dafür sorgen, dass wir unseren Kindern diese Segensbotschaft weitergeben.

Vor Kurzem habe ich von Eltern gelesen, die an Weihnachten vor der Bescherung immer heimlich, sodass ihre Kinder es nicht mitbekamen, zusätzliche Geschenke unter den Weihnachtsbaum legten – eines für jedes Kind. Auf jedem dieser Geschenke stand: „Für Mama und Papa – von Jesus." Bei der Bescherung führten die Eltern dann eine kleines Schauspiel durch: „Oh, was ist das? Wow, sieh nur! Ihr Kinder seid nicht die Einzigen, die heute etwas geschenkt bekommen. Wir haben auch Geschenke erhalten, und sie sind von Jesus! Macht ihr sie auf. Wir sind viel zu aufgeregt dazu. Was, glaubt ihr, hat Jesus uns gebracht?" Jedes Kind öffnete ein Geschenk von Jesus und fand darin ein Bild von sich selbst.

Die Eltern sagten dann: „Dieses Geschenk haben wir dieses Jahr wieder bekommen. Gott hat uns *euch* geschenkt!" Im ersten Jahr war das natürlich eine Überraschung und vielleicht auch noch im zweiten – aber die Eltern wiederholten diese Szene Jahr für Jahr. Was für eine wundervolle Idee, seinen Kindern einen Segen zu vermitteln! Ist das nicht schön?

4. Durch einen geistlichen Weitblick

Beachten Sie, was Isaak in 1. Mose 27,28 zu Jakob sagte, als er ihn segnete: „So gebe dir Gott vom Tau des Himmels und vom Fett der Erde und von Korn und Most die Fülle!" Täuschen Sie sich nicht – er betete hier nicht für Tau vom Himmel. Der Tau kommt immer vom Himmel. Er bat auch nicht ganz allgemein um Korn. Nein, dies war ein Gebet für seinen Sohn, der die Segnungen im Leben mit Gott in Verbindung bringen sollte: „Möge *Gott* dir diese Dinge geben."

Isaak lehrte seinen Sohn zu erkennen: „Jede gute Gabe und jedes vollkommene Geschenk kommt von oben herab" (Jakobus 1,17). Die Segnungen im Leben sind von Gott. Jeder im Alten Testament beschriebene Segen stellt die Beziehung des Kindes zu Gott heraus und entfaltet, was Gott zukünftig für das Kind an Segnungen bereithält.

Ohne Gott können es unsere Kinder nicht schaffen. Möge Gott uns helfen, wenn es momentan so sein sollte, dass wir im Leben unserer Kinder mehr Wert auf Bildung, Sport oder soziale Kontakte legen als auf ihr geistliches Wohl. Erst in dieser Woche haben mir meine Kinder keine Ruhe gelassen mit der Frage: „Warum dürfen wir nicht die Dinge tun, die andere Kinder tun?" Ich rief sie alle zu einer großen Familiensitzung zusammen und sagte: „Ich will euch erklären, warum: Weil eure Mutter und ich glauben, dass Gott noch große Dinge in seinem Reich für euch bereithält! Ihr seid nicht in diese Welt gekommen, um die Zeit totzuschlagen und ein paar Seiten vom Kalender abzureißen. Gott hat euch im Mutterleib gebildet und euch Gaben und Fähigkeiten geschenkt, die ihr für ihn einsetzen sollt. Die Zeit ist kurz. Ihr könnt etwas

Wichtiges in dieser Welt bewirken. Gott möchte euer Leben gebrauchen.“

Unsere Gemeinde hat eine enge Partnerschaft mit der Missionsgesellschaft *Pioneers. Pioneers* wurde von einem Mann namens Ted Fletcher[6] gegründet. Ted begriff, welchen Wert eine geistliche Sicht im Blick auf die Zukunft seiner Kinder hatte. Ich möchte Ihnen erzählen, wie er diese Sicht seinem Sohn John vermittelte. Sie wissen vielleicht, dass die Schrift über Johannes den Täufer sagt: „Da war ein Mensch, von Gott gesandt, sein Name Johannes“ (Johannes 1,6). John erinnert sich an sein Zuhause: „Seit ich ein kleines Kind war, sagte mein Vater unzählige Male zu mir diese Worte: ‚Da war ein Mensch, von Gott gesandt, sein Name Johannes.‘“*

Als John fünf Jahre alt war, nahm sein Vater den Jungen, der gerade spielte, hoch, sah ihm in die Augen und sagte: „Da war ein Mensch, von Gott gesandt, sein Name Johannes.“ Als John nach der Grundschule nach Hause kam und fragte: „Dad, geht diese Aufgabe hier? Was soll ich machen?“, erinnerte Ted seinen Sohn: „Da war ein Mensch, von Gott gesandt, sein Name Johannes.“ Auch in seinen Teenagerjahren und darüber hinaus schrieb Ted seinem Sohn ins Herz, was Gott aus einem Menschen namens Johannes werden lassen kann.

Ich weiß, dass es manchen Eltern sehr wichtig ist, ihre Kinder zu Bett zu bringen. Ich habe das auch öfters getan, aber noch häufiger bin ich in ihr Zimmer geschlichen, *nachdem* sie eingeschlafen waren, habe mich neben ihr Bett gekniet und gebetet, dass Gott sie zu seiner Ehre gebrauchen möge. Liebe Eltern, lassen Sie sich sagen: Wir müssen unseren Kindern eine Sichtweise vermitteln von dem, was Gott durch sie einmal tun möchte. Wir wollen doch nicht, dass sie einfach nur klarkommen; wir wollen vielmehr, dass sie die Überwinder sind, die sie durch Christus Jesus sein sollen. „Du wirst mit Gott leben.“ – „Du wirst ihn lieben.“ – „Du wirst einmal ein gottesfürchtiger Mann.“ – „Du wirst einmal eine tüchtige und gerechte Frau.“ – „Gott wird dein Leben gebrauchen.“

5. Durch eine geistliche Sicht im Blick auf Erfolg

Isaak hatte folgende Vision von Erfolg für seinen Sohn:

So gebe dir Gott vom Tau des Himmels und vom Fett der Erde und von Korn und Most die Fülle! Völker sollen dir dienen und Völkerschaften sich vor dir niederbeugen! Sei Herr über deine Brüder, und vor dir sollen sich niederbeugen die Söhne deiner Mutter! Die dir fluchen, seien verflucht, und die dich segnen, seien gesegnet!
1. Mose 27,28–29

Es ist nicht biblisch, wenn wir dafür beten, dass unsere Kinder einmal reich werden. Wenn sie in Nordamerika oder Westeuropa leben, sind sie im weltweiten Vergleich bereits reich, daher sollten wir uns darum keine Sorgen machen. Ebenso unbiblisch ist es, unseren Kindern Armut zu wünschen. Wir müssen dafür beten, dass unsere Kinder in dieser Welt erfolgreich nach den Maßstäben des Reiches Gottes sind und treu verwalten, was sie von Christus empfangen haben.

Ich glaube, das Schlüsselwort in Vers 29 ist „Herr". Beten Sie, dass sich Ihre Kinder nicht von irgendwelchen Widerständen unterkriegen lassen, ihre Rolle im Leben gut ausfüllen und mit ihrem Geld gewissenhaft umgehen – und sich von all diesen Dingen nicht beherrschen lassen. Das ist mit einer geistlichen Sicht im Blick auf Erfolg für unsere Kinder gemeint. Nicht, dass ihnen die Entbehrungen, Nöte und Versuchungen dieser Welt nichts anhaben könnten, aber am Ende werden sie über all diesen Dingen stehen und den Gott, der sie dahin gebracht hat, loben und ihm danken.

Was, wenn der Segen vorenthalten wird?

Vielleicht denken Sie nun, nachdem Sie all das gelesen haben: *Mir selbst wurde das als Kind vorenthalten.* Ich weiß, dass viele Menschen so denken. Wenn Eltern ihren Kindern den Segen vorenthalten – sei es nun aus Unwissenheit oder aus Selbstsucht –, reagieren diese manchmal auf verschiedene Arten darauf, die die Sache unter Umständen nur noch schlimmer machen.

Manche Menschen versuchen, sich den Segen zu verdienen. Der Versuch, Anerkennung zu bekommen, führt dann zum Beispiel zu Arbeitssucht oder zu anderen destruktiven Verhaltensweisen. Das ist fast so, als würde man einer Mohrrübe hinterherjagen, die an einem Stock befestigt ist. „Wenn ich dieses oder jenes tue, wird Papa vielleicht denken, dass ich gut bin." – „Vielleicht, wenn ich diese Leistung bringe ..." – „Vielleicht wenn ich jenes Ziel erreiche ..." Wie oft habe ich gesehen, wie ein Mann eine Frau umwarb, nur um sie, nachdem er sie hatte, schnell wieder fallen zu lassen und erneut der Anerkennung seiner Eltern nachzujagen!

Manche Menschen suchen den Segen an anderer Stelle. Sie bauen eine Distanz zu ihren Eltern auf, ziehen vielleicht extra weg. Einige von ihnen werden sogar gewalttätig. Viele Studien zeigen, dass Kinder, die von ihren Eltern keine Anerkennung bekommen haben, am ehesten dazu neigen, sich Gangs und Sekten anzuschließen. Kürzlich sprach ich mit einem Pastor aus einer größeren Stadt über dieses Thema. Er sagte mir: „James, du kannst durch jede Straße in meinem Bezirk gehen und zehn Jungs fragen: ‚Hast du Anerkennung von deinen Eltern bekommen?' Immer wirst du nur hören: ‚Nein.' – ‚Nein.' – ‚Nein.' – ‚Nein.' – ‚Nein.' – ‚Nein.'" Ich frage mich: Wie viel des kriminellen, negativen Verhaltens von jungen Erwachsenen ist auf Väter zurückzuführen, die nicht da waren, und auf Elternhäuser, die keinen Segen vermittelt haben?

Manche Menschen ziehen sich zurück in die Isolation und Einsamkeit. Sie verkriechen sich und machen die Schotten dicht. Es scheint fast so, als wäre ihr Leben zu Ende. Nachdem sie von denen verletzt wurden, von denen sie am nötigsten Liebe gebraucht hätten, haben sie beschlossen, dass es besser ist, allein zu sein, als sich den Kränkungen anderer auszusetzen und wieder verwundet zu werden.

Manche Menschen schlagen aus Wut zu. Das ist die heftigste Reaktion. Haben Sie schon einmal darüber nachgedacht, inwieweit die Aggression von Jugendlichen und jungen Erwachsenen auf Wut zurückgeht, die unter der Oberfläche schlummert, weil sie von ihren Eltern vernachlässigt wurden? Eltern fragen ihre Kinder: „Warum benimmst du dich so? Warum bereitest du uns so viel Kummer? Warum weigerst du dich, nach unseren Regeln zu leben und dich in die Familie einzufügen? Was ist mit dir los?" Nur sehr wenige Teenager verstehen ihre eigenen Gefühle gut genug, um diese Fragen beantworten zu können. Doch wenn sie es tun, bekommt man zu hören: „Weil ich es nicht mehr aushalte, ständig um eure Anerkennung zu kämpfen und sie doch nicht zu bekommen. Weil ich mehr Liebe und Zuneigung bei meinem Freund finde, als ich jemals zu Hause empfangen habe. Weil es besser ist, eure Aufmerksamkeit durch meinen Ungehorsam zu gewinnen, als eure Gleichgültigkeit und euer Desinteresse zu spüren, wenn ich ein ‚liebes Kind' bin." Traurig, aber wahr. Viele Eltern begreifen die verändernde Kraft des Segens nur aufgrund des angerichteten Schadens, der entstanden ist, weil sie sich nicht ausreichend um ihre Kinder gekümmert haben.

Wird der Segen erteilt, kann ein Kind die drei wichtigsten Fragen im Leben beantworten, wenn es erwachsen ist:

1. Wer bin ich? (Eine Frage der Identität)
2. Warum bin ich hier? (Eine Frage der Sicherheit)
3. Wo gehe ich hin? (Eine Frage des Vertrauens)

Wenn Sie den Segen empfangen haben, können Sie mit diesen drei Fragen wahrscheinlich gut umgehen. Findet man auf sie eine

Antwort, kann das Leben sehr erfüllend und ertragreich sein, ohne sie sucht man den Segen an allen möglichen Orten und vergeudet dabei Unmengen von Energie.

Wie können Sie ohne diesen Segen leben?

Vielleicht fällt es Ihnen schwer, das Gelesene auf Ihren Umgang mit Ihren Kindern zu übertragen, weil Sie ständig daran denken müssen, dass Sie selbst von Ihren Eltern den Segen nicht bekommen haben und dass sich das negativ auf Sie ausgewirkt hat. Womöglich fragen Sie sich, wie Menschen ohne diesen Segen leben und ihn trotzdem ihren Kindern geben können – ungeachtet der eigenen Erfahrung. Hierzu möchte ich Ihnen zwei Dinge vorschlagen, die, wenn Sie sie befolgen, zu unbeschreiblichen Ergebnissen in Ihrem Leben führen können.

Hören Sie auf Ihre geistlichen Leiter

Ich glaube, ein wesentlicher Zweck der örtlichen Gemeinde besteht darin, dass Sie auf Ihre geistlichen Leiter hören. Als Diener Gottes können sie seinen Kindern jene Dinge vermitteln, die diese in ihren eigenen Familien vielleicht nie gehört haben. Die Gemeinde ist Ihre Familie und in ihr können wir diese Botschaft einander weiterreichen – zusammen.

Die Bibel sagt uns, dass Timotheus ohne Vater aufwuchs. Er wurde von seiner Mutter Eunike und seiner Großmutter Lois großgezogen. Timotheus hatte zwar keinen Vater, aber wissen Sie, was er hatte? Er hatte den Apostel Paulus. Paulus war nicht sein biologischer Vater, aber er wurde für ihn *wie* ein Vater. Lesen wir, was Paulus ihm zu sagen hatte: „Timotheus, meinem echten Kind im Glauben ..." (1. Timotheus 1,2); „... mein Kind Timotheus ..."

(1. Timotheus 1,18); „Timotheus, meinem geliebten Kind ..." (2. Timotheus 1,2). Außerdem schrieb er Timotheus: „Niemand verachte deine Jugend", und: „Vernachlässige nicht die Gnadengabe in dir" (1. Timotheus 4,12.14). Worte wie diese finden sich immer wieder in seinen beiden Briefen an Timotheus. All das soll eins veranschaulichen: Gott kann uns geistliche Leiter zur Seite stellen – geistliche Väter und Mütter –, die uns das geben, was wir von unseren biologischen Eltern nicht bekommen haben. Die Christen, die im Herrn gefestigt sind und den Segen bereits empfangen haben, stehen in der Verantwortung, ihn an andere weiterzugeben – nicht nur an Ihre eigenen Kinder.

Hören Sie auf Ihren himmlischen Vater

Wir müssen einander nach besten Möglichkeiten stärken, aber natürlich werden wir nie all das sein können, was wir füreinander sein sollten. Deshalb ist es auch so wichtig, dass wir auf unseren himmlischen Vater hören. Es ist durchaus möglich, dass Jesus nie den Segen von Josef, seinem irdischen Vater, bekam. Konnte man die Eltern eines Kindes nicht genau bestimmen, gab es normalerweise keine offizielle Segnungszeremonie in der Art, wie ich sie weiter oben beschrieben habe. Aufgrund der Fragen rund um die Geburt des Kindes hielt der Vater sich in so einem Fall zurück, seine Freunde einzuladen. Da Josef ein gerechter Mann war (vgl. Matthäus 1,19), darf bezweifelt werden, dass er den Segen aus diesem Grund vorenthielt. Wahrscheinlicher ist, dass Josef starb, bevor er Jesus segnen konnte.

Umso bedeutsamer waren die Worte, die bei der Taufe Jesu gesprochen wurden. In Matthäus 3,16–17 lesen wir, dass sich die Himmel öffneten und der Geist Gottes in Form einer Taube herabkam. Und aus dem Himmel kam eine Stimme, die sagte: „Dieser ist mein geliebter Sohn, an dem ich Wohlgefallen gefunden habe." Ist das nicht wunderbar? Gott selbst machte deutlich, wie wichtig Bestätigung ist.

Die gute Nachricht ist: Wenn Sie sich von Ihrer Sünde abgewandt und Christus im Glauben angenommen haben, sind Sie ein Kind des allmächtigen Gottes. Am Ende zählt nicht, was Ihr biologischer Vater über Sie sagt oder was Ihre Mutter nicht gesagt hat. Wichtig ist, was Gott über Sie sagt. Er liebt Sie und möchte Ihnen helfen.

Nehmen Sie dieses Wort von Ihrem himmlischen Vater an: „Dies ist mein geliebter Sohn, an dem ich Wohlgefallen gefunden habe“, oder: „Dies ist meine geliebte Tochter, an der ich Wohlgefallen gefunden habe.“ Erlauben Sie Gott, dass er diese Wahrheit in Ihr Leben hineinspricht. Es ist eine Botschaft, die wir immer wieder hören müssen.

Ein Gebet, das Sie nach oben zieht

Danke Herr, dass du mich liebst und mir sagst, dass ich dein Kind bin. Ich brauche das in meinem Leben! Danke, Gott, dass du ein so liebevoller Vater bist. Hilf mir, dir zu gefallen und deinem Namen Ehre zu bringen durch ein Leben in deinem Segen, ganz gleich, ob ich den Segen von meinen Eltern empfangen habe oder nicht. Schenke, dass ich meinem Vater und meiner Mutter vergeben kann, dass sie versäumt haben, mich zu segnen.

Herr, ich möchte, dass mein Umgang mit meinen Kindern dir wohlgefällig ist. Hilf mir, jede Gelegenheit zu nutzen, ihnen Segen zu geben, damit sie verstehen, dass du Einmaliges mit ihrem Leben vorhast. Hilf mir, diesen Segen an die Menschen weiterzugeben, die ich liebe. Dies bitte ich im Namen Jesu. Amen.

Überlegungen, die tiefer gehen

Jakobs Segnung in 1. Mose 27 zeigt uns fünf wichtige Schritte, wie wir den Segen an unsere Kinder weitergeben können: durch körperliche Berührung, durch gesprochene Worte, durch Bestätigung des Wertes unserer Kinder, durch einen geistlichen Weitblick und eine geistliche Sicht im Blick auf Erfolg. In 1. Mose 48,9–16 sehen wir, wie Jakob (oder Israel) seine beiden Enkel Ephraim und Manasse segnet. Lesen Sie den Abschnitt mehrmals durch, und prüfen Sie, ob Sie auch hier dieselben fünf Segensschritte finden.

Anregungen zur Umsetzung

Es ist an der Zeit, dass Sie beurteilen, inwiefern es Ihnen gelungen ist, Ihren Kindern Segen zu vermitteln. Nehmen Sie sich ein Stück Papier und erstellen Sie eine Tabelle. Ganz oben halten Sie die fünf Segensschritte fest. An der Seite schreiben Sie untereinander die Kinder auf, die in Ihrem Leben eine wichtige Rolle spielen. Das können Ihre eigenen Kinder sein oder aber Ihre Nichten und Neffen, jüngere Cousins, Kinder aus der Kinderstunde in Ihrer Gemeinde, Kinder aus der Nachbarschaft usw. Denken Sie darüber nach, wie Sie mit Ihnen umgehen und welchen Bezug Sie zu jedem dieser Kinder haben. Inwiefern gelingt es Ihnen, jedem Kind Segen zu vermitteln? Was können Sie in jedem der fünf Punkte tun, um noch wirksamer Segen weiterzugeben?

Kapitel 4 // Wort 3: Ehre

Lange bevor David Letterman Top-Ten-Listen aufstellte, hatte Gott seine schon fertig. Wir finden sie in 2. Mose 20 unter der Ihnen wahrscheinlich geläufigeren Bezeichnung *Die zehn Gebote*. Erinnern Sie sich noch an die Geschichte dahinter? Die Kinder Israel waren auf dem Weg von Ägypten ins verheißene Land. Nach dreimonatiger Wanderschaft stieg Mose auf den Berg Sinai, um dort Gott zu begegnen und mit Steintafeln zurückzukehren. Auf diesen Tafeln standen die zehn wichtigsten Gebote Gottes.

In 2. Mose 20,1–2 heißt es: „Und Gott redete alle diese Worte und sprach: Ich bin der HERR, dein Gott, der ich dich aus dem Land Ägypten, aus dem Sklavenhaus, herausgeführt habe.“ Dann folgen die Gebote:

1. „Du sollst keine andern Götter haben neben mir.“ (Vers 3)
2. „Du sollst dir kein Götterbild machen.“ (Vers 4)
3. „Du sollst den Namen des HERRN, deines Gottes, nicht zu Nichtigem aussprechen.“ (Vers 7)
4. „Denke an den Sabbattag, um ihn heilig zu halten.“ (Vers 8)

Und dann kommt Nummer 5 auf Gottes ‚Top-Ten-Liste‘: „Ehre deinen Vater und deine Mutter, damit deine Tage lange währen in dem Land, das der HERR, dein Gott, dir gibt“ (Vers 12).

Da haben wir es, unser drittes Wort: *Ehre*. Das Konzept der Ehre ist in der Bibel sehr wichtig. In 5. Mose 5,16 wird das fünfte Gebot noch einmal wiederholt, hier wird es sogar mit einem Segen verknüpft: „Ehre deinen Vater und deine Mutter, wie der HERR, dein Gott, es dir geboten hat, damit deine Tage lange währen und damit es dir gut geht in dem Land, das der HERR, dein Gott, dir gibt!“

Sie sagen jetzt womöglich: „Das ist ja nur das Alte Testament." Aber das Gebot war so wichtig, dass der Apostel Paulus es, geleitet vom Geist Gottes, in seinem Brief an die Epheser wiederholte: „Ehre deinen Vater und deine Mutter – das ist das erste Gebot mit Verheißung – damit es dir wohlgehe und du lange lebst auf der Erde" (Epheser 6,2–3). Es ist also eindeutig ein Gebot, das sich an alle Menschen zu allen Zeiten richtet.

Ein allgemein gültiges Gebot

Wenn ich „alle" sage, meine ich kleine Kinder ebenso wie Menschen mittleren oder hohen Alters. Wenn Sie Eltern haben, sollen Sie sie ehren, ganz gleich, wie alt Sie sind. Wir werden nie so alt, dass wir dieses Gebot nicht mehr befolgen müssten. Es gilt für jede Rasse, jede Nation, jede Kultur – sogar für unsere westlichen Regionen, in denen man sich über den Gedanken, die Eltern zu ehren, gerne mal lustig macht. Heute legen wir mehr Wert darauf, *uns selbst* zu ehren – auf Kosten der Menschen in unserem Umfeld, die es nötig haben und verdient hätten, geehrt zu werden. Aber wir müssen uns daran erinnern, dass dies ein Gebot ist. Unabhängig davon, wie gut die Eltern ihre Rolle erfüllt haben, und unabhängig von der Gefühlslage des „Kindes" gebietet Gott allen Menschen an allen Orten: „Ehre deinen Vater und deine Mutter."

Der hebräische Begriff für „ehren" bedeutet wörtlich „ein schweres Gewicht" oder „auferlegen". Die Eltern zu ehren ist keine oberflächliche Schmeichelei, sondern etwas sehr Aufrichtiges und Ernsthaftes. Ehren im Sinne der Bibel bedeutet anzuerkennen, was die eigenen Eltern richtig gemacht haben, und sie dafür zu respektieren – was immer das sein mag.

Sie sagen: „In Ordnung, ich sehe, dass das Gebot, meine Eltern zu ehren, auf Gottes ‚Top-Ten-Liste' steht. Daran gibt es keinen Zweifel. Aber *warum* ist es so wichtig?"

Ich sage Ihnen, warum: Wenn Kinder ihre Eltern nicht ehren, fängt unsere ganze Gesellschaftsstruktur an sich aufzulösen. Der alte griechische Philosoph Platon sagte einmal: „Was in einem Land geehrt wird, wird dort auch gepflegt."

Was ist, wenn meine Eltern völlig versagt haben?

In seinem hervorragenden Buch *The Tribute and the Promise* (dt.: „Die Würdigung und die Verheißung" – nicht auf Deutsch erschienen) schrieb Dennis Rainey:

Die Eltern zu ehren ist eine Haltung, die von Taten getragen wird und den Eltern sagt: „Ihr seid mir wertvoll. Ihr seid die Personen, die Gott in seiner Souveränität in mein Leben gestellt hat. Ihr habt vielleicht manchmal bei mir versagt, mich verletzt und auch enttäuscht, aber ich spiele mich nicht als Richter auf und werde euch in meinen Gedanken nicht anklagen. Ich möchte euch als Menschen mit Bedürfnissen, Sorgen und eigenen Narben Mitgefühl zeigen."[1]

Allen Kindern wird geboten, ihre Eltern zu ehren – auch denen, deren Eltern völlig versagt haben.

Im alttestamentlichen Gesetz zeigt Gott, wie er über Leute denkt, die ihre Eltern nicht ehren. So heißt es zum Beispiel: „Wer seinen Vater oder seine Mutter schlägt, muss getötet werden", und: „Wer seinem Vater oder seiner Mutter flucht, muss getötet werden" (2. Mose 21,15).

Um die Wahrheit zu sagen, in meinen Teenager-Jahren habe ich einige Dinge zu meinen Eltern gesagt, die ich heute sehr bereue. Womöglich geht es Ihnen genauso. Ich bin sehr froh, dass für uns nicht mehr die Gesetze des Alten Testaments gelten, sonst würden einige von uns wohl nicht mehr leben. Aber Gott denkt im Prinzip noch immer genau so über jeden Menschen, der seine Eltern nicht ehrt wie damals. Es ist für ihn eine sehr ernste Sache!

Bei meinen Eltern ist das unmöglich!

Vielleicht sagen Sie jetzt: „Wenn Sie denken, ich würde auch nur *irgendetwas* tun, um meinen alten Herrn zu unterstützen, täuschen Sie sich!" – Einen Moment mal. Weil ich weiß, dass manche Menschen ein gestörtes Verhältnis zu ihren Eltern haben, möchte ich ganz deutlich machen, : Die Eltern zu ehren bedeutet nicht ...

1. ... *vor ihnen zu Kreuze zu kriechen und ihre Anerkennung zu suchen.* Gott möchte, dass wir frei sind und uns nicht von der Anerkennung von Menschen abhängig machen, sondern von der seinen. Der Apostel Paulus sagte: „Wenn ich noch Menschen gefiele, so wäre ich Christi Knecht nicht" (Galater 1,10).

2. ... *sich ihrem verletzenden Verhalten auszusetzen.* Erwachsene Kinder dürfen angemessene Grenzen zwischen sich und ihren Eltern ziehen.

3. ... *die Vergangenheit zu ignorieren oder zu leugnen.* Es dient nicht den Absichten Gottes, wenn wir so tun, als wären gewisse Dinge nicht geschehen. Aber die Vergebung verlangt, dass sich diese Dinge nicht auf Ihre Haltung gegenüber Ihren Eltern auswirken.

Die Eltern zu ehren bedeutet aber ...

1. ... *Wert auf die Beziehung zu ihnen zu legen.* Es ist wichtig für Gott und es sollte auch Ihnen wichtig sein.

2. ... *die Initiative zu ergreifen, wenn es darum geht, die Beziehung zu verbessern,* soweit es möglich ist.

3. ... *anzuerkennen, dass Ihre Eltern auch manche Dinge richtig gemacht haben.* Sie denken möglicherweise: *Meine Eltern haben* nichts *richtig gemacht!* Aber Ihre Sicht könnte getrübt sein, vielleicht aufgrund von großem Leid. Ihre Eltern haben sicherlich auch etwas richtig gemacht. Wenn Sie Ihr Herz vor dieser Wahrheit nicht verschließen, wird Gott es Ihnen zeigen.

4. ... *die Opfer, die sie für Sie gebracht haben, anzuerkennen.*

5. ... *sie so zu sehen, wie Christus es tut,* nämlich mit Mitgefühl und Erbarmen.

6. ... *ihnen zu vergeben,* so wie Gott Ihnen in Christus vergeben hat.

Wenn wir unsere Eltern ehren, werden wir gesegnet

Sie fragen sich jetzt vielleicht: „Warum sollte ich das tun?" Ganz einfach: Wenn wir unsere Eltern ehren, werden wir gesegnet.

Sind das nicht gute Nachrichten? Denken Sie nicht, das sei ein schlechter Grund, nur weil es dabei um Ihren Vorteil geht! Manche Menschen meinen, es wäre falsch, Gott deshalb gehorsam zu sein, weil dabei etwas für einen selbst herausspringt. Das ist nicht so! Wäre es falsch, hätte Gott den Nutzen des Gehorsams nicht in seinem Wort festgehalten. Im Gegenteil, Gott motiviert seine Kinder oft durch verheißenen Segen. Denken Sie an Epheser 6,2: „Ehre deinen Vater und deine Mutter – das ist das erste Gebot mit

Verheißung." In 2. Mose 20 gab Gott die ersten vier Gebote, ohne Gründe dafür zu nennen. Es war einfach: „Tut es! Ich bin Gott, und ihr nicht! Deshalb tut es!" Beim fünften Gebot änderte sich das aber. Dort gibt es den Zusatz: „... damit deine Tage lange währen" (Vers 12), oder wie Paulus es ausdrückte: „... damit es dir wohlgehe und du lange lebst auf der Erde" (Epheser 6,3).

Wenn Gott den Nutzen des Gehorsams gegenüber einem bestimmten Gebot für uns aufzeichnet, ist es nicht falsch, sich diese Vorteile zu wünschen. Bringt nicht jede Entscheidung für den Gehorsam Segen mit sich? Gott motiviert uns auf diese Weise, für ihn zu leben.

Was ist der Segen?

Lassen Sie uns einmal genauer die Vorteile betrachten, die es bringt, wenn wir unsere Eltern ehren: „... *damit es dir wohlgehe.*" Was wird hier verheißen? Gesundheit? Wohlstand? Sicherheit? Ein leichteres Leben? Gunst bei Gott? Ich weiß nicht genau, was es bedeutet. Ich weiß nicht, wie der Segen aussieht, der sich ergibt, wenn wir unsere Eltern ehren, aber die Bibel sagt, dass es etwas Gutes ist. Wie oft kommen Menschen zu mir und sagen: „Immer wieder habe ich Gott diese eine Sache gebracht, aber ich bekomme einfach keine Antwort. Warum macht Gott nicht ...?" Ich sage Ihnen: Tun Sie alles, was Gott Ihnen geboten hat, und dann wollen wir doch einmal sehen, ob Gott nicht auf wunderbare Weise Ihre Bedürfnisse stillt. Ich weiß nicht, wie Gott Sie segnen wird. Möglicherweise segnet er Sie auf dem Gebiet, auf dem Sie die größte Not haben, wenn Sie dem Gebot gehorsam sind und Ihre Eltern ehren.

Wie man lange lebt

Hier nun die zweite Segensverheißung: „... *damit du lange lebst auf der Erde.*" Das ist etwas genauer. Die erste und offensichtlichste

Bedeutung dieses Ausdrucks ist, dass diejenigen, die ihre Eltern ehren, länger leben werden als Menschen, die das nicht tun. Die medizinischen Studien, die ich in Kapitel 2 erwähnte, bestätigen, dass sich Menschen, die sich von Bitterkeit, einer negativen Haltung und von Unversöhnlichkeit befreien, größerer Gesundheit erfreuen. Wenn Sie sich für die Sünde entscheiden, wählen Sie das Leid. Das sagt Gottes Wort ganz deutlich. Daher sollte es uns nicht überraschen, dass eine Person, die Gott gehorsam ist, gesünder und glücklicher ist und länger lebt.

Bei genauerer Betrachtung glaube ich jedoch, dass Gott einem gehorsamen Menschen mehr als nur ein langes Leben verheißt. Ich glaube, *„damit du lange lebst auf der Erde“* bedeutet auch, dass man ein Vermächtnis hinterlässt. In einer Familie, in der die Eltern geehrt werden, gibt es Nachwirkungen, die noch viele Jahre anhalten. Wenn ich meine Eltern ehre, haben meine Kinder ein Vorbild; wahrscheinlich werden sie sich wiederum entschließen, mich zu ehren, und durch sie kann der Segen meines Gehorsams bis in die dritte und vierte Generation reichen.

Sie sagen: „Ich glaube nicht, dass meine Eltern ihre Eltern geehrt haben“? Dann fangen Sie selbst gleich heute damit an. Vielleicht wussten Ihre Eltern nicht, was *Sie* wissen. Sagen Sie sich: *In* meiner *Familie werden die Dinge künftig anders laufen.* Wenn Sie Ihre Eltern ehren, werden Ihre Kinder das merken, und dann geht es weiter mit deren Kindern und Kindeskindern – so kann der Einfluss Ihres Lebens viele Generationen überdauern.

Wenn wir unsere Eltern nicht ehren, fügen wir ihnen großes Leid zu

Vielleicht sagen Sie: „Meinen Eltern ist das alles egal. Sie kümmern sich nicht darum, was ich ihnen sage“, aber ich bin mir sicher: Da liegen Sie komplett falsch! Nehmen wir uns noch einmal die Geschichte von David und Absalom vor (2. Samuel 18–19), die wir in Kapitel 1 bereits kurz gestreift haben. Sie zeigt sehr anschaulich, dass Eltern großes Leid zugefügt wird, wenn sie nicht geeehrt werden.

Die Geschichte von David und Absalom

Als Absalom seinen Halbbruder aus Rache für die Vergewaltigung seiner Schwester Tamar tötete, brach die Familie auseinander. David war so wütend auf Absalom, dass dieser vor dem Zorn seines Vaters aus Jerusalem flüchtete. Absalom verbrachte drei ganze Jahre im Exil und hatte in der Zeit keinerlei Kontakt zu seinem Vater. Würden Sie angesichts dieser Umstände nicht annehmen, dass David damals voller Wut und Hass auf seinen Sohn gewesen sein muss? Doch lesen Sie, was in 2. Samuel 13,39 steht: „Und der König David sehnte sich, zu Absalom hinauszuziehen" (UELB). Ich neige dazu zu denken: *Mann, du bist doch der König! Wenn du zu Absalom willst, dann geh doch einfach zu ihm!* David schien jedoch eher zu denken: *Ich möchte bei ihm sein, aber ich bin so wütend auf ihn.* David verabscheute zwar die Taten seines Sohnes, er empfand aber immer noch eine tiefe Liebe für ihn, eine Liebe, wie Familienangehörige sie füreinander hegen.

Vielleicht sieht es in Ihrer Familie momentan genauso aus: Sie wurden von Ihren Eltern „verbannt" und gehen nun davon aus, dass sie Sie nicht mehr lieben.

David überwand schließlich seine negativen Gefühle und ließ seinen Sohn nach Hause rufen. Stellen Sie sich die Szene vor. Sie nehmen wahrscheinlich an, dass es bei Absaloms Rückkehr nach Jerusalem eine große Feier gab, richtig? Falsch! Wir lesen: *„Und Absalom wohnte in Jerusalem zwei volle Jahre und hatte das Angesicht des Königs noch nicht gesehen"* (2. Samuel 14,28). Kaum zu glauben: Als Absalom wieder in Jerusalem war, wollte David ihn nicht sehen!

Der Sohn des Königs lebt in derselben Stadt wie sein Vater und bekommt diesen ganze zwei Jahre lang nicht zu Gesicht! Frustriert sagt Absalom: „Wozu bin ich von Geschur hergekommen? Besser wäre es für mich, ich wäre noch dort. Jetzt aber will ich das Angesicht des Königs sehen" (Vers 32). Das ist ein anschauliches Bild für die widersprüchlichen Botschaften, die wir innerhalb der eigenen Familie senden.

Schließlich erlaubt David Absalom, zu ihm zu kommen: Er „kam zum König und warf sich vor ihm nieder und fiel auf sein Angesicht zur Erde nieder vor dem König, und der König küsste Absalom" (Vers 33).

Noch mehr Schwierigkeiten

Man könnte denken, Vater und Sohn hätten von nun an eine gute Beziehung gepflegt. Das stimmt aber nicht! In 2. Samuel 15 lesen wir, dass Absalom Unruhe stiftete. Offensichtlich kamen täglich Männer aus dem ganzen Volk Israel zu König David, um seinen Rat zu suchen. Absalom fing diese Männer ab und sagte zu ihnen: „Hört nicht auf das, was mein Vater sagt! Ich bin derjenige, der Bescheid weiß. Ihr solltet mit mir reden!" In 2. Samuel 15,6 steht: „Und Absalom handelte auf diese Weise an allen Israeliten, die zum König kamen, um eine Rechtsentscheidung zu suchen. So stahl Absalom das Herz der Männer von Israel."

Und in Vers 12 lesen wir: „Die Verschwörung (wurde) stark, und das Volk bei Absalom wurde laufend zahlreicher." Das ist eine Verschwörung der schlimmsten Art. Der Sohn, der fünf Jahre lang zurückgewiesen wurde, jetzt aber mit seinem Vater versöhnt war, hatte nach wie vor so viel Wut in seinem Herzen, dass er das Volk von seinem Vater wegzog. Für König David wurde die Lage so ernst, dass er sogar aus Jerusalem flüchten musste.

Absalom und seine Verschwörer hatten David schrecklich zugesetzt: „David aber ging die Anhöhe der Olivenbäume hinauf und weinte im Gehen; und sein Haupt war verhüllt, und er ging barfuß. Und alles Volk, das bei ihm war, sie hatten jeder sein Haupt verhüllt und gingen unter ständigem Weinen hinauf" (2. Samuel 15,30).

Nachdem David die Stadt erst einmal verlassen hatte, kamen einige aus seiner Armee zu ihm und sagten: „Wir holen das Königtum zurück. Wir werden deinen Sohn Absalom besiegen. Wir können gewinnen! Wir können dir den Thron zurückerobern, David." Darauf sagte David: „In Ordnung, erobert den Thron zurück und gewinnt den Kampf, aber tut Absalom nichts an."

„Mach dir keine Sorgen", sagten sie. „Wir werden ihn nicht *verletzen* – wir werden ihn *töten!*"

„Wagt das nicht!", erwiderte David, und er drohte ihnen und jedem, der es wagen würde, Absalom anzurühren.

„Was? Warum stellst du dich schützend vor diesen verräterischen Sohn?", fragten seine Leute verständnislos.

Aber David sagte nur: „Tut ihm nichts an" (vgl. 2. Samuel 18,1–5).

Und was geschah? Die Schlacht wurde ausgefochten und Absalom getötet. Als ein Bote Neuigkeiten vom Kampf brachte, waren die ersten Worte, die aus Davids Mund kamen: „Der Junge, mein Absalom, ist doch hoffentlich unversehrt" (2. Samuel 18,29). David ist einzig und allein daran interessiert, dass es seinem Sohn gut geht. Die Antwort des Boten lautet in etwa so: „Ach, weißt du, darüber spreche ich besser nicht!" Kurz darauf kommt ein zweiter Bote. Erneut erkundigt sich David als Erstes nach seinem Sohn: „Ist der Junge, mein Absalom, unversehrt?" (Vers 32). Dann erfährt er, dass Absalom tot ist. David ist am Boden zerstört:

Da schrak der König zusammen, und er stieg hinauf ins Obergemach des Torgebäudes und weinte. Und so rief er im Gehen: Mein Sohn Absalom! Mein Sohn, mein Sohn Absalom! Wäre ich doch an deiner Stelle gestorben! Absalom, mein Sohn, mein Sohn!
2. Samuel 19,1

Wenn man das liest, denkt man: *David, bist du verrückt? Das ist derselbe Sohn, mit dem du fünf Jahre lang nicht einmal geredet hast. Erinnere dich, er hat dir dein Königtum gestohlen! Und jetzt trauerst du?* 2. Samuel 19 sagt uns, dass der König weitertrauerte: „Siehe, der König weint und trauert um Absalom" (Vers 2). „Der König grämt sich wegen seines Sohnes" (Vers 3). „Und der König hatte sein Gesicht verhüllt, und der König schrie mit lauter Stimme: Mein Sohn Absalom! Absalom, mein Sohn, mein Sohn!" (Vers 5).

Diese Hassliebe ist so seltsam, dass Joab, der ehemalige Befehlshaber von Davids Armee, in 2. Samuel 19,6–7 sagt:

Du hast heute das Gesicht all deiner Knechte schamrot gemacht, die heute dein Leben gerettet haben und das Leben deiner Söhne und deiner Töchter und das Leben deiner Frauen und das Leben deiner Nebenfrauen, indem du liebst, die dich hassen, und hasst, die dich lieben. Denn du hast heute bekundet, dass dir Oberste und Knechte nichts sind. Ja, heute erkenne ich: Wenn Absalom am Leben wäre, wir heute aber tot, das wäre dann recht gewesen in deinen Augen!

Mit anderen Worten sagt Joab zu David: „Du bist völlig daneben! Wir sind ausgezogen, um dir das Königtum zurückzuholen, und dich bringt der Tod deines Sohnes mehr aus der Fassung als all die Leute, die gestorben sind (und hätten sterben können), um dein Königtum zurückzugewinnen!"

Ein unzerstörbares Band

Genau das ist der Punkt: Die Beziehung zwischen einem Vater und seinem Sohn, zwischen Mutter und Tochter, ist so stark, dass keine noch so negativen Umstände dieses Band durchtrennen können. Vielleicht hatten Sie keine gute Beziehung zu Ihren Eltern, oder sie war früher gut, aber jetzt, wo Sie erwachsen und verheiratet sind, haben Sie sich entfremdet. Sie glauben: *Meine Eltern denken nie an mich!*, aber das stimmt nicht. Vielleicht fragen Sie: „Warum rufen sie mich nicht an?" Die Antwort lautet: Weil Ihre Beziehung zu Ihren Eltern in gewisser Weise so ist wie die zwischen David und Absalom. Sie haben gemischte Gefühle, die zwischen Liebe und Enttäuschung schwanken. Das bringt Menschen dazu, anders zu handeln, als sie fühlen. Wenn dieser Kreislauf durchbrochen werden soll, muss *einer* den Anfang machen.

Ich fordere Sie als Jünger Jesu auf: Geben Sie sich einen Ruck. Möglicherweise befinden Sie sich in einer ganz ähnlichen Situation wie Absalom: Alle Signale seitens Ihrer Eltern scheinen zu sagen: „Bleib, wo du bist! Wir wollen von dir nicht geehrt werden!" Aber glauben Sie das nicht! So wie sich jedes Kind von Herzen nach dem Segen, der Anerkennung seiner Eltern sehnt, wollen alle Eltern geehrt und anerkannt werden für die Liebe, die sie gegeben haben.

Schluss mit dem kindischen Benehmen

Ich sage Ihnen, dass sich Ihre Eltern mit ziemlicher Sicherheit sorgen und Sie ihnen nicht egal sind. Sie könnten jetzt sagen: „Sie kennen meine Eltern ja nicht. Sie wissen nicht, was sie getan oder was sie nicht getan haben. Ich kann sie einfach nicht ehren." Schauen wir uns einmal 1. Korinther 13 an, einen Abschnitt der Schrift, der häufig auf Hochzeiten vorgelesen wird. Er handelt von Liebe und nennt uns in Vers 11 eine wichtige Wahrheit: „Als ich ein Kind war, redete ich wie ein Kind, dachte wie ein Kind, urteilte wie ein Kind; als ich ein Mann wurde, tat ich weg, was kindlich war."

Wie *reden* Kinder? „Gib mir, was ich will!" – „Warum darf ich das nicht?" – „Das ist unfair!" – „Wann bin ich an der Reihe?" – „Ich will mehr davon!"

Und wie *denken* sie? *Warum muss ich das machen? – Ich mag das nicht. – Ich will tun, was mir Spaß macht. – Warum muss ich immer das tun, was du willst?* Alles dreht sich nur um sie.

Und wie *urteilen*, wie überlegen sie? *Wie kann ich noch ein Plätzchen bekommen? – Ich wüsste zu gern, was ich im nächsten Jahr zum Geburtstag bekomme. – Es sind nur noch 364 Tage bis dahin.*

Sind Kinder nicht genau so?

„Als ich ein Kind war, redete ich wie ein Kind, dachte wie ein Kind, urteilte wie ein Kind; als ich ein Mann wurde, tat ich weg, was kindlich war" – jedenfalls *sollte* ich es weggetan haben. Das bedeutet auch, meine Eltern aus der Perspektive eines Erwachsenen zu betrachten, nicht aus der eines Kindes.

Wenn Erwachsene sich noch wie Kinder verhalten

Viele Erwachsene verhalten sich in ihren Beziehungen und in ihrem Umgang mit anderen wie reife Erwachsene, aber vor ihren Eltern sind sie wieder wie kleine Kinder. „Wieso hast du mich nicht angerufen?" – „Du hast es aber versprochen!" – „Du hast es aber gesagt!" – „Das wollte ich aber gar nicht!" ...

Erma Bombeck erklärte einmal, dass Kinder nicht zu begreifen scheinen, dass auch ihre Eltern Erwartungen haben und dass auch sie im Gegenzug zu ihrer Liebe etwas brauchen. Es fällt uns schwer zu verstehen, dass unsere Eltern auch nur „schwache Menschen sind, die leicht verletzt werden können", schrieb sie.

Tief im Herzen sehnen sich alle Eltern – ob sie es nun äußern können oder nicht – danach, dass eines ihrer Kinder einmal zu ihnen kommt und sagt: „Ihr habt mich *wirklich* geliebt. Ein paar Dinge, die ihr mir beigebracht habt, habe ich früher für ziemlich seltsam gehalten – aber ich hatte Unrecht und ihr Recht! Und als ich noch ein unreifer Schüler war, der dachte, alle Antworten zu kennen, und der euch das Leben so schwermachte – da wusste ich in Wahrheit nichts! Es tut mir leid, dass ich euch so viel Kummer bereitet habe. Es war nicht alles perfekt, was ihr gemacht habt, aber du warst ein guter Vater! Und du, Mama, warst eine gute Mutter!"

Das sind erwachsene, reife Worte. Sie erkennen die Liebe der Eltern an und geben ihnen die Ehre.

Es ist an der Zeit, unsere Eltern zu ehren

Gott will, dass wir genau das zum Ausdruck bringen. Es ist an der Zeit, unsere Eltern zu ehren ...

1. ... auch wenn wir uns nicht danach fühlen

Das gehört zum Erwachsenwerden dazu! Hin und wieder müssen wir Dinge tun, die wir nicht so gerne tun. Haben Sie schon einmal etwas getan, wozu Sie keine Lust hatten? Haben Sie schon einmal in der Bibel gelesen, obwohl Ihnen nicht danach war? Gute Entscheidung! In dieser Woche hatte ich am Morgen manchmal keine Lust, zur Arbeit zu gehen. Was glauben Sie, was ich getan habe? Ich bin trotzdem hingegangen. Wir tun viele Dinge, obwohl wir keine Lust dazu haben. Möge Gott uns vergeben, dass wir in Bezug auf unsere Eltern so egoistisch und kindisch sind! Wie oft haben unsere Eltern Dinge für uns getan, zu denen sie sich aufraffen mussten?

Vielleicht sind Sie ärgerlich auf Ihre Eltern oder Sie fühlen sich von ihnen verletzt, vernachlässigt oder missverstanden. Es ist an der Zeit, diese Dinge hinter sich zu lassen. Als Kinder müssen wir unsere Eltern ehren, weil Kindererziehung eine anstrengende, langwierige Aufgabe ist, weil Kinder ihren Eltern oft viel Schmerz bereiten, den wir nicht sehen, und weil unsere eigenen Kinder schon bald erwachsen sein und uns dann so behandeln werden, wie wir unsere Eltern behandelt haben. Wischen Sie diese Tatsache nicht einfach beiseite: Ihre Kinder werden erwachsen, und sie werden später so mit Ihnen umgehen, wie Sie mit Ihren Eltern.

Wenn wir unsere Eltern nicht wertschätzen, weil uns unser eigenes Leben wichtiger ist, wenn wir unseren Eltern durch Wort und Tat vermitteln, dass sie keinen Ehrenplatz in unserem Leben und in unserer Zeitplanung einnehmen, begehen wir eine große Sünde. 1. Timotheus 5,8 sagt: „Wenn aber jemand für die Seinen und besonders für die Hausgenossen nicht sorgt, so hat er den Glauben verleugnet und ist schlechter als ein Ungläubiger." Und das bezieht sich auf weit mehr als nur auf finanzielle Unterstützung. Unsere Zeit und unsere Zuneigungen sind ebenso wichtig.

Ich bekam einmal den folgenden Brief:

Als mein Mann vor zehn Jahren starb, war das ein Schock für mich. Aber ein noch größerer Schock war die Reaktion meiner vier erwachsenen Kinder. Es gab keine Hoffung, meinen Mann zurückzubekommen, aber ich hoffte doch wenigstens auf eine gute Beziehung zu meinen Kindern. Ich erwarte gar nicht so viel von meiner Tochter und von meinen Söhnen – nur ein bisschen Zeit für Gespräche und hin und wieder mal einen Anruf. Doch von meinen Familienangehörigen meldete sich sechs Wochen lang niemand. Vier Kinder, acht Enkelkinder. Kein Anruf.

Ich stellte fest, dass sie sich nur meldeten, wenn sie einen Grund hatten, und nie fragte jemand: „Wie geht es dir, Mutter?" Ich leide an der Parkinsonkrankheit und bin Diabetikerin. Es war nicht etwa so, dass sie nicht um meine verschiedenen Behandlungen wüssten, vielmehr wollten sie gar nichts davon hören. Ich glaube, sie wollen einfach keine Verantwortung für mich übernehmen. Ich kann mir wirklich keinen anderen Grund vorstellen, weshalb sie nicht anrufen.

Letzten Herbst habe ich meinen Sohn im Büro angerufen, um ihm etwas zu erzählen. Ich begann die Unterhaltung mit den Worten: „Ich weiß, du hast viel zu tun, aber ich wollte nur mal deine Stimme hören und fragen, ob es dir gut geht." Er meinte nur: „Ja, ich bin sehr beschäftigt." Daraufhin sagte ich: „Erinnerst du dich noch an das alte Grundstück, das dein Vater vor seinem Tod gekauft hat?" Da er nicht reagierte, fuhr ich fort:. „Als er es kaufte, lag es außerhalb der Stadt. Er hat damals nur 500 Dollar für einen halben Hektar Land bezahlt. Jetzt kam der Immobilienmakler vorbei und teilte mir mit, dass es 12.000 Dollar wert ist! Unglaublich, nicht wahr?" Er sagte: „Mutter, du lebst vielleicht noch fünf oder zehn Jahre. Wenn du jetzt anfängst, alles zu verkaufen, was du hast, bleibt nicht mehr genug übrig, wovon wir deine Pflege mal zahlen können." Ich entgegnete: „Schatz, ich habe genug. Ich komme gut zurecht ..."

Sein Tonfall wurde angespannter. „Ich muss dir sagen, dass ich nicht noch härter arbeiten kann, und ich werde dich auch nicht pflegen können." Ich sagte: „Das musst du nicht. Mach dir darum keine Sorgen." Schließlich sagte ich zu ihm: „Schatz, ich wollte nur mal deine Stimme hören. Das habe ich jetzt. Ich lege nun auf."

Keine meiner Freuden kann ich mit meinen Kindern teilen. Sie ignorieren mich einfach – und meine Enkelkinder auch. Sie haben Autos, und trotzdem lassen sie sich nicht bei mir blicken. Es gibt so viele Dinge in meinem Leben, von denen sie überhaupt nichts wissen."[2]

So sollte es unter Kindern Gottes nicht sein. Seine Eltern nicht zu ehren ist falsch, ganz falsch! Es ist an der Zeit, unsere Eltern zu ehren, auch wenn wir uns nicht danach fühlen.

2. ... auch wenn sie es nicht wollen

Womöglich denken Sie jetzt: *Meine Eltern würden gar nicht wollen, dass ich auf sie zukomme, um sie zu ehren. Ich bin mir sicher, sie würden mir nur die Tür vor der Nase zuschlagen oder den Telefonhörer auflegen.* So ähnlich dachte auch der verlorene Sohn in Lukas 15. Er hatte seinen Anteil am Familienerbe erhalten und sich davongemacht, um wie ein Schwein zu leben, bis er schließlich sogar *bei* den Schweinen leben musste. Erinnern Sie sich noch an die Geschichte?

Als sein Geld aufgebraucht war und er wieder zu Sinnen kam, beschloss er: „Ich werde einfach im Stall leben und ein Knecht meines Vaters sein." Auf dem Weg nach Hause fürchtete er, dass sein Vater ihn abweisen könnte. Aber wissen Sie, was die Schrift sagt? – „Als er aber noch fern war, sah ihn sein Vater und wurde innerlich bewegt und lief hin und fiel ihm um seinen Hals und küsste ihn" (Lukas 15,20). Das war eine große Überraschung für ihn!

Vielleicht wären auch Sie überrascht, wie offen Ihre Eltern Sie empfangen. Abgesehen davon sollten wir unser Handeln aber nicht von der erwarteten Reaktion abhängig machen. Wir sollten es tun, weil wir dem Wort Gottes glauben und ihm gehorsam sein wollen. Daher sollten wir unsere Eltern ehren, auch wenn sie es nicht annehmen wollen.

3. ... auch wenn sie uns schlecht behandelt haben

Vielleicht wurden Sie von Ihren Eltern emotional oder körperlich misshandelt – diese Erfahrungen gehören zu den schlimmsten, die ein Kind machen kann. Aber bedenken Sie:

1. Wenn Sie sich auf den Schmerz konzentrieren, hört er erst recht nicht auf.

2. Wenn Sie sich auf etwas Gutes konzentrieren, fördert das die Heilung und Versöhnung, so schwer es auch sein mag.

3. Wenn Sie Ihre Eltern ehren, bedeutet das nicht, dass Sie sich weiteren schmerzlichen Erfahrungen aussetzen müssen. Es ist nur ein Gehorsamsschritt gegenüber Gott, der etwas Gutes in Ihrem Leben entstehen lassen wird.

4. Wenn Sie Ihre Eltern ehren, hilft das, die Ketten der Bitterkeit und Unversöhnlichkeit zu sprengen.

Unsere Eltern zu ehren ist etwas, das wir Tag für Tag, Jahr für Jahr tun. Es zeigt sich in allen unseren Gesprächen und in jeder Stunde, die wir mit unseren Eltern verbringen. Doch wenn Sie dieses Buch bis hierhin gelesen haben, wissen Sie, dass nach meiner Überzeugung jede Veränderung sowohl eine *Krise* als auch einen *Prozess* erfordert. Der Prozess, die Eltern zu ehren, zeigt sich im Laufe der Zeit in Tausenden von kleinen Dingen, aber die Krise ist entscheidend, um diesen Prozess in Gang zu setzen. Ich schließe mich Dennis Raineys Vorschlag an, den Eltern einen Brief zu schreiben, in dem man seinen Respekt zum Ausdruck bringt.[3] Das wäre ein guter Anfang.

Überreichen Sie Ihren Eltern einen Brief

In diesem Brief erkennen Sie das Gute an, das Ihre Eltern für Sie getan haben. Teilen Sie ihnen mit, dass Sie dankbar sind, ihr Sohn oder ihre Tochter zu sein. Bringen Sie Ihre Liebe für sie zum Ausdruck, und erkennen Sie die Opfer an, die sie für Sie gebracht haben.

Ich habe sowohl für meine Mutter als auch für meinen Vater einen solchen Brief verfasst. Sie finden sie im Anhang. Aber bedenken Sie: Meine Briefe sollen Ihnen nur eine Idee liefern, wie das Ganze aussehen könnte. Die Formulierungen können bei Ihnen ganz andere sein. Es spielt keine Rolle, wie *ich* es sage, wichtig ist, wie *Sie selbst* Ihre Mutter und Ihren Vater ehren.

Zu meiner großen Überraschung

Ich hätte nie gedacht, dass es meinen Eltern so viel bedeuten würde, dass ich Ihnen meinen Respekt und meine Wertschätzung einmal für sie schriftlich niederlege. Ich hatte immer ein wunderbares

Verhältnis zu ihnen, und ich hätte wirklich nicht angenommen, dass meine Briefe so bei ihnen ankommen würden, da sie doch wussten, was ich für sie empfand. Ich sollte eines Besseren belehrt werden! Als ich meiner Mutter in Anwesenheit unserer ganzen Familie ihren Brief vorlas, weinte sie lächelnd. Ein Blick in ihre Augen zeigte mir, dass ihr meine Worte mehr bedeuteten, als ich es mir je hätte vorstellen können. Etwa zwei Jahre später kamen meine Eltern zu uns, um mit uns *Thanksgiving* zu feiern. Bei dieser Gelegenheit las ich meinem Vater seinen Brief vor. Auch er war sehr gerührt, und ich fühlte mich gut, weil ich Gottes Aufforderung „offiziell" gehorsam gezeigt hatte. Ich dachte, damit hätte sich die Sache erledigt.

Ob Sie es glauben oder nicht, meine Mutter nahm diese beiden Briefe und rahmte sie zusammen mit jeweils einem Foto von sich und meinem Vater in der Mitte ein; anschließend hängte sie sie über ihr Bett! Diese schriftliche Respektbekundung hat ihr offensichtlich so viel bedeutet, dass sie sie nie mehr vergessen wollte! Glauben Sie mir: Ob Sie nun eine gute oder eine angespannte Beziehung zu Ihren Eltern hatten, Gott wird aus diesem Gehorsamsschritt mehr machen, als Sie sich vorstellen können. Schließlich steht auf seiner Top-Ten-Liste: „Ehre deinen Vater und deine Mutter" (2. Mose 20,12).

Fangen Sie an

Hier einige praktische Ideen für den Anfang:

1. *Seien Sie ehrlich.* Sagen Sie nicht irgendwelche oberflächlichen Dinge zu ihren Eltern, die Sie gar nicht meinen. Sie müssen nicht so tun, als würden Sie alles gutheißen, was Ihre Eltern tun, oder als wären Ihre Eltern perfekt. Meine Eltern waren es auch nicht.

2. *Seien Sie positiv.* Konzentrieren Sie sich auf das Gute. Philipper 4,8 sagt: „Alles, was wahr, alles, was ehrbar, alles, was gerecht, alles, was rein, alles, was liebenswert, alles, was wohllautend ist, ... das erwägt!“ Konzentrieren Sie sich auf das Gute – was immer das ist. Wenn Sie es nicht sehen können, dann bitten Sie Gott im Gebet um Weisheit, und er wird es Ihnen zeigen.

3. *Machen Sie es öffentlich.* Übermitteln Sie Ihren Brief, wenn möglich, in Anwesenheit Ihres Ehepartners und Ihrer Kinder. Es ist eine wunderbare Möglichkeit, ihnen ein Vorbild zu sein. Gott kann das benutzen, um eine Tradition des Ehrens in Ihrer Familie zu etablieren.

4. *Seien Sie entschlossen.* Schieben Sie die Angelegenheit nicht auf. Jetzt ist der ideale Zeitpunkt dafür.

Tun Sie es so bald wie möglich!

Wenige Wochen nachdem ich in unserer Gemeinde über dieses Thema gepredigt hatte, schrieb mir ein Mann einen Brief, der unterstreicht, wie wichtig es ist, dass Sie die Sache so bald wie möglich angehen:

Lieber Pastor James,
ich habe mich sehr über die jüngste Predigtreihe gefreut, in der es um Veränderungen in unseren Familien ging. Dasjenige von den sieben Schlüsselworten zur Veränderung, um das es mir besonders geht, ist „Ehre“. Kurz vor der Predigt über dieses Thema hatte ich das Gefühl, ich sollte mich mehr um meine Eltern kümmern. ... Deshalb besuchte ich am Wochenende meine Eltern, um etwas Zeit mit ihnen zu verbringen und ihnen bei Haus- und Gartenarbeiten zu helfen. In der

folgenden Woche lud ich sie in ein Restaurant ein. Ich glaube, es war das erste Mal überhaupt, dass ich das tat. Während des Abendessens dankte ich ihnen, dass sie mir gute Eltern waren. Am folgenden Wochenende war ich wieder ein paar Stunden bei ihnen und half meinem Vater bei ein paar Arbeiten. Am nächsten Tag rief meine Mutter mich an, um mir zu danken. Ich sagte ihr, dass es nur ein kleiner Versuch war, ihnen zu vermitteln, dass ich sie liebe. Auch das Wochenende darauf verbrachte ich bei ihnen.

Kurze Zeit später kam meine ganze Familie im Haus meines Bruders zusammen, um dessen Geburtstag zu feiern. Wir hatten eine wunderschöne Zeit zusammen! Wir haben sogar ein Familienfoto gemacht. Ich konnte nicht wissen, dass ich an diesem Abend zum letzten Mal mit meiner Mutter sprechen würde. Nur wenige Tage später rief mich mein Bruder an und teilte mir mit, dass Mutter einen Atemstillstand gehabt hatte und dass der Sanitäter gerade versuchte, sie wiederzubeleben. Meine Frau und ich beeilten uns, zum Krankenhaus zu gelangen. Wir warteten bereits in der Notaufnahme, als man sie aus dem Rettungswagen zog und in den geschlossenen Bereich der Notaufnahme brachte. Nach etwa zehn Minuten informierte uns der Arzt, dass meine Mutter gestorben war. Sie hatte einen schweren Asthmaanfall gehabt. Sie war bewusstlos geworden, und die Ärzte hatten geglaubt, sie hätte einen Herzinfarkt. Sie hatte immer schon mit Asthma zu kämpfen gehabt, aber nie war es lebensbedrohlich.

Ich möchte Ihnen danken, dass Sie in der Gemeinde diese Botschaft weitergegeben haben. Die letzten paar Monate mit meiner Mutter werden mir stets in besonderer Erinnerung bleiben. Das Foto, das wir im Haus meines Bruders aufgenommen haben, war schließlich das letzte von ihr. Jetzt schätze ich die Zeit, die ich mit meinem Vater und mit anderen geliebten Menschen verbringe, nun ganz besonders, und ich werde versuchen, sie bei jeder Gelegenheit, die sich mir bietet, zu ehren.

Häufig gestellte Fragen

Ich möchte dieses Kapitel einmal anders beenden als die bisherigen und Fragen aufgreifen, die häufig zu dem Thema „Die Eltern ehren“ gestellt werden.

Frage: Ich möchte meine Eltern ehren, aber was soll ich tun, wenn sie bereits verstorben sind? Habe ich die Gelegenheit vertan?
Antwort: Wir sind für das verantwortlich, was wir wissen. Vielleicht haben Sie bisher noch nie davon gehört, wie wichtig es ist, die Eltern zu ehren, oder bis heute nicht richtig verstanden, was das heißt. Das ist in Ordnung. Aber nun wissen Sie es. Wenn Ihre Eltern schon tot sind, möchte ich Ihnen dennoch raten, nach besten Möglichkeiten ein paar Dinge aufzuschreiben und sie vor Ihrer Familie auszusprechen. Sie könnten Ihrem Ehepartner und Ihren Kindern erklären: „Ich wünschte, das Folgende hätte ich meiner Mutter persönlich gesagt. Ich habe es nicht getan, als sie noch lebte, aber nun weiß ich aus dem Wort Gottes, dass ich es hätte tun sollen. Ich möchte vor meiner Familie zugeben, dass es falsch von mir war.“ Gott wird in Ihrer Familie das Beste daraus machen.
Frage: Stelle ich meine Geschwister, die ebenfalls Christus nachfolgen, nicht bloß, wenn ich die Initiative ergreife, oder sollte ich nicht wenigstens vorher mit Ihnen über mein Vorhaben reden?
Antwort: Dass ich in unserer Familie den ersten Schritt unternommen habe, liegt wahrscheinlich daran, dass ich Pastor bin. Meine Geschwister empfinden jedoch dasselbe für meine Eltern. Ich möchte Ihnen raten, mit Ihren Brüdern und/oder Schwestern darüber zu sprechen. Vielleicht ist es ja möglich, dass Sie es gemeinsam tun. Meines Erachtens sagt die Schrift nicht eindeutig, ob die Ehrerbietung gemeinsam oder einzeln erfolgen sollte. Wahrscheinlich würde es Ihren Eltern sogar sehr viel bedeuten, von allen ihren Kindern zum selben Anlass eine Ehrung zu erfahren. Aber letzten Endes sollten Sie sichergehen, dass *Sie* es tun, unabhängig davon, was Ihre Brüder oder Schwestern dazu sagen.

Frage: Ich weiß nicht, wo mein Vater lebt oder wie ich Kontakt zu ihm aufnehmen kann. Was soll ich tun?
Antwort: Fangen Sie damit an, einen Brief an ihn zu schreiben, so haben Sie die Dinge, die Sie sagen wollen, schon parat. Dann würde ich Ihnen vorschlagen zu beten: „Gott, hilf mir herauszufinden, wo mein Vater ist. Ich möchte ihm diese Dinge gerne persönlich sagen." Überlassen Sie die Sache schließlich Gott. Wenn Sie ihm gehorsam sein wollen, wird er Sie womöglich mit seinem Handeln überraschen.

Frage: Mein Vater will mich nicht sehen oder mit mir sprechen. Zwischen uns steht es so schlecht, dass ich fast schon denke, ich habe gar keinen Vater. Die einzige Person, die ich als meinen Vater betrachte, ist Gott. Was soll ich tun?
Antwort: Ich denke, als Erstes sollten Sie noch einmal die Ausführungen zum Thema „Vergebung" in Kapitel 2 lesen. Es scheint so, als müssten Sie in diesem Punkt noch an sich arbeiten. Ich glaube, das Kapitel könnte Ihnen helfen und Ihnen Mut machen.

Ich weiß, was es heißt, dass Sie von Ihrem Vater so verletzt wurden, dass Sie nun sagen: „Ich habe keinen irdischen Vater. Gott ist mein Vater." Natürlich will Gott in Ihrem Leben die fehlende Vaterrolle ausfüllen. Aber das enthebt Sie nicht von der Aufgabe, Ihre Eltern zu ehren. Sie werden ein übernatürliches Maß an Liebe brauchen, um Ihren Vater trotz der erfahrenen Zurückweisung zu lieben. Aber Gott will Ihnen diese Liebe zu Ihrem Vater schenken. Ich möchte Sie zu einem Glaubensschritt ermutigen: Schreiben Sie Ihrem Vater einen Brief, in dem Sie Ihren Respekt ihm gegenüber zum Ausdruck bringen, und schicken Sie ihm diesen per Post. Später können Sie ihn anrufen. Ich garantiere Ihnen, dass Gott Sie segnen wird, ganz egal, wie Ihr Vater reagiert.

Ein Gebet, das Sie nach oben zieht

Herr, ich erkenne an, dass deine Wege immer die besten sind. Bitte vergib mir, dass ich nicht getan habe, was du mir in deinem Wort deutlich geboten hast. Ich habe meine Eltern nicht mit meiner ganzen Kraft geehrt. Ich war nicht das Kind, das ich hätte sein können und sollen. Hilf mir, meine Eltern wirklich durch einen Brief zu ehren. Bereite ihr Herz vor, dass sie ihn annehmen, Herr, und schenke mir die Kraft, sie täglich in kleinen Dingen zu ehren. Ich möchte jede Gelegenheit nutzen, um ihnen den Respekt zukommen zu lassen, den sie verdienen.

Danke, Gott, dass du mir versprichst, mich in einer Art und Weise zu segnen, wie ich es mir nicht vorstellen kann, wenn ich das tue. Schenke du mir ein langes und gutes Leben, Gott. Dir sei aller Ruhm, der aus meinem Gehorsam dir gegenüber erwächst. Ich bitte dich im Namen Jesu, dem Namen, dem aller Ruhm gebührt. Amen.

Überlegungen, die tiefer gehen

Ehre ist eine große Sache für Gott! Dieses Thema zieht sich durch die ganze Schrift. Noch wichtiger als sein Gebot, unsere Eltern zu ehren, ist jedoch seine gerechte Erwartung, dass wir *ihn* ehren. Nehmen Sie sich etwas Zeit, die folgenden Bibelstellen nachzuschlagen, und notieren Sie sich, was sie darüber sagen, wie wir Gott ehren sollen: 1. Samuel 2,30; Psalm 50,15; Jeremia 13,11; Maleachi 2,2; Johannes 5,23; 1. Korinther 6,20; Hebräer 5,4; Offenbarung 4,11.

Wie können Sie Gott in dieser Woche ganz praktisch ehren?

Anregungen zur Umsetzung

Die konkrete Anregung zur Umsetzung liegt jetzt wahrscheinlich auf der Hand. In diesem Kapitel ging es darum, beiden Elternteilen je einen Brief zu schreiben, in dem man seinen Respekt zum Ausdruck bringt. Das sollten Sie unbedingt tun! Einige Anregungen dazu habe ich Ihnen ja bereits in diesem Kapitel gegeben; Sie können sich außerdem von meinen Briefen an meine Eltern inspirieren lassen (s. Anhang). Aber verwenden Sie Ihre eigenen Worte, und teilen Sie Ihren Eltern mit, was Ihnen am Herzen liegt.

Wenn Sie die Briefe fertig haben, überlegen Sie sich, wie Sie Ihren Eltern die Inhalte übermitteln wollen. Das ist möglicherweise ebenso wichtig wie die Worte, die Sie aufgeschrieben haben, selbst. Wenn möglich, sollten Sie Ihre Mutter und Ihren Vater in Gegenwart anderer ehren, um durch Ihr Beispiel auch andere Familienmitglieder dazu anzuspornen.

Teil 2

Drei aufbauende Worte

4. Wahrheit
5. Gemeinde
6. Hingabe

Kapitel 5 // Wort 4: Wahrheit

Der 11. September 2001 ist ein Tag in der Geschichte, den man nie vergisst – weder wir noch die Menschen, die das entsetzliche Blutvergießen verursacht haben. Islamische Terroristen entführten vier amerikanische Flugzeuge und steuerten drei von ihnen in nationale Wahrzeichen. Die vierte Maschine, die ein Ziel in Washington D.C. ansteuerte, zerschellte in einem ländlichen Gebiet in Pennsylvania. Tausende von Unschuldigen wurden bei diesen Attentaten getötet.

Auch wenn es schwerfällt, versuchen Sie sich einmal die letzten Sekunden vor dem Aufprall vorzustellen. Was haben diese Terroristen wohl gedacht? Was ging in diesen letzten Augenblicken in ihnen vor?

Wenn Sie meinen, ihre Augen seien voller Angst gewesen, dann irren Sie wahrscheinlich. Wenn Sie annehmen, dass sich ihr Magen vor Schmerz verkrampfte oder ihr Mund sich vor Entsetzen verzog, dann liegen Sie wohl ebenso falsch. Jedem, der einen Einblick in ihre Religion hat, ist klar, dass sie höchstwahrscheinlich ein Lächeln auf dem Gesicht hatten, da sie glaubten, sie würden für Allah sterben. Sie rechneten damit, im Paradies aufzuwachen, umringt von einem Harem bildschöner Jungfrauen, ewige Glückseligkeit zu erfahren und das Angesicht ihres Gottes zu erblicken.

Stattdessen erwachten sie in der Hölle, erblickten den Teufel und erleben jetzt ewige Qualen. Mit ernstem Verlangen jagten sie Dingen nach, von denen sie jetzt wissen, dass sie nichts weiter als Irrtum und Illusion waren. Natürlich glaubten sie aufrichtig an ihre Sache, aber ebenso aufrichtig lagen sie falsch! Wenn das nächste Mal jemand zu Ihnen sagt: „Es ist egal, was man glaubt, solange man nur aufrichtig ist", dann sagen Sie ihm einfach: „Sie haben Unrecht! Es *ist* entscheidend, was man glaubt!"

Viele Familien mit den besten Absichten „steuern“ außer Kontrolle durch den Alltag und sind sehr glücklich dabei, aber irgendwann werden sie eine Bruchlandung machen und sich vielleicht nie wieder davon erholen. Sie sagen: „Wir sind ehrliche Leute. Wir lieben unsere Kinder und tun unser Bestes.“ Aber Ehrlichkeit allein wird Ihnen nicht helfen. Entscheidend ist nicht, wie sehr Sie sich um Ihre Familie kümmern oder wie hart Sie für sie arbeiten. Die Frage ist vielmehr: Worauf gründen sich Ihre Entscheidungen? Welche Überzeugungen bestimmen Ihr Handeln? Wenn Sie Ihr Leben nicht auf der Wahrheit aufbauen, dann steuern Sie auf eine große Katastrophe zu, egal, wie aufrichtig Ihre Absichten sind.

Was ist Wahrheit?

Möglicherweise fragen Sie sich ebenso zynisch wie Pontius Pilatus in Johannes 18,38: „Was ist Wahrheit?“ Zuvor hatte Jesus für seine Jünger gebetet – und dieses Gebet gilt auch für Sie und mich: „Heilige sie durch die Wahrheit! Dein Wort ist Wahrheit“ (Johannes 17,17). Statt „heiligen“ könnte man auch „verändern“ sagen. Heiligung ist Gottes Veränderungsprozess im Leben aller Gläubigen. Im Grunde bat Jesus also: „Verändere sie, Vater; heilige alle meine Jünger.“ Und dann folgt der zweite Teil des Satzes: „... durch die Wahrheit.“ Durch die Wahrheit wird die Veränderung vorangetrieben. Was Benzin für den Motor, Schießpulver für Feuerwerkskörper oder Nahrung für den Körper ist, das ist Wahrheit für Veränderung.

Wenn Sie Veränderung in Ihrem Leben und in Ihrer Familie sehen wollen, dann müssen Sie sich an die Wahrheit halten. Doch wo finden wir Wahrheit? Jesus ließ keinen Zweifel daran: „Dein Wort ist Wahrheit.“ – Das betete der Sohn zum Vater. Jedes Wort, das aus dem Mund Gottes hervorgeht, ist absolute, zuverlässige und verbindliche Wahrheit.

Ich könnte jetzt seitenweise die verschiedenen Vorstellungen von Wahrheit in der Medizin, Soziologie, Psychologie und anderen Fachbereichen behandeln, nur um sie umgehend als Irrtum aufzudecken. Hier nur ein paar Beispiele:

- *Das Zentrum des Universums.* Aristoteles (384–322 v. Chr.) glaubte, dass die Erde das Zentrum des Universums sei und sich alles um sie drehte. Das war neunzehn Jahrhunderte lang das vorherrschende wissenschaftliche Weltbild, bis Kopernikus 1530 bewies, dass die Erde und alle Planeten um die Sonne kreisen.[1]

- *Aderlass.* Über viele Jahrhunderte wurde der Aderlass als Standardheilmittel zur Förderung bestimmter gesundheitlicher Zustände angesehen. So wurde er bei Fieberkrankheiten, Entzündungen und (ironischerweise) bei starken Blutungen empfohlen. Obwohl diese Methode immer wieder mal in und wieder aus der Mode kam, hielt sie sich doch bis ins zwanzigste Jahrhundert und wurde sogar von Sir William Osler in seiner 1923er-Ausgabe von *Principles and Practice of Medicine* (dt.: „Grundsätze und Praxis der Medizin" – nicht auf Deutsch erschienen) vorgeschlagen.

- *Evolution.* Evolutionisten haben uns mit mehreren verschiedenen „Wahrheiten" versorgt, die sich später als Irrtum herausstellten. Der *Nebraska-*, der *Piltdown-* und der *Javamensch* wurden allesamt als *Missing Links* in der sogenannten Evolutionskette angeführt, später jedoch als Schwindel entlarvt. 1915 wurde der *Neandertaler* von Marcellin Boule rekonstruiert. Boule brachte den großen Zeh unbegründeterweise so an, dass er aussah wie ein abstehender Daumen, und Kniegelenke,

Wirbelsäule und Schädel so, dass das Skelett ein hockendes, affenähnliches Erscheinungsbild aufwies. Die Nachbildung wurde vierundvierzig Jahre lang im *Field Museum of Natural History* in Chicago ausgestellt, bevor jemand bemerkte, was Boule getan hatte. Selbst nachdem der Schwindel aufgeflogen war, blieb sie weitere zwanzig Jahre in der Ausstellung, bis man ein neues Modell vom Neandertaler kreierte. Doch statt die alte Nachbildung wegzuwerfen, wurde sie nur in einen anderen Raum gestellt, wo sie nun unter der Beschriftung „Eine alternative Sicht des Neandertalers“[2] präsentiert wird.

Lehne den Irrtum ab und nimm die Wahrheit an!

Statt dieser Art sich stets verändernder Pseudowahrheit verkünde ich Ihnen das lebendige, beständige Wort Gottes – immer wahr, immer verlässlich. Die Schrift sagt:

Lehre mich, HERR, deinen Weg: ich will wandeln in deiner Wahrheit!
Psalm 86,11

Alle deine Gebote sind Wahrheit.
Psalm 119,151

Die Summe deines Wortes ist Wahrheit, und jedes Urteil deiner Gerechtigkeit währt ewig.
Psalm 119,160

Nach seinem Willen hat er uns durch das Wort der Wahrheit geboren.
Jakobus 1,18

Jesus selbst sagte: „Der Himmel und die Erde werden vergehen, meine Worte aber werden nicht vergehen“ (Lukas 21,33).

Die Bibel ist das größte Buch, das je geschrieben wurde, denn es ist das einzige, das Gott selbst verfasst, erhalten, beschützt und verbreitet hat. Es wurde von den größten Köpfen der Menschheitsgeschichte befürwortet. Wann immer Gottes Wort ernsthaft auf die Probe gestellt wurde, konnte es nicht für fehlerhaft befunden werden. Nie! Allerdings wurde es oft für schwer verständlich gehalten und deshalb gar nicht erst auf die Probe gestellt. Es gibt Leute, die leichtfertig sagen: „Die Bibel ist voller Widersprüche.“ Fordert man sie dann auf, einen zu nennen, hört man Sätze wie: „Na ja, mir fällt jetzt keiner ein ...“ So reden Leute, die das Wort Gottes nie studiert haben. Andere sagen: „Ich glaube der Bibel nicht; sie ist altmodisch.“ – Nun, welcher Teil genau?

Die Wahrheiten der Bibel haben die größten Gelehrten der Menschheitsgeschichte zufriedengestellt. Der Skeptiker mit wenig oder gar keinem Wissen über die Schrift ist nicht einmal in der Lage, eine Frage über die Bibel zu stellen, für die es keine einfache Antwort gibt. Lassen Sie sich von niemandem Ihr Vertrauen in Gottes Wahrheit nehmen. Wer die Bibel permanent hinterfragt, tut dies meistens nicht, weil er etwas gegen ihre Glaubwürdigkeit einzuwenden hat, sondern weil sie ihm seinen Zustand genau aufzeigt und auf einen Gott hinweist, der uns alle zur Rechenschaft zieht. Die Bibel ist Wahrheit.

Der Wahrheit folgen Taten

Wollen Sie eine starke Familie? Wollen Sie eine Familie, die die Prüfungen des Alltags besteht? Wollen Sie eine Ehe, die bis zum Ende hält? Wollen Sie Kinder, auf die Sie stolz sind? Die meisten von uns wünschen sich das, aber nur wenige bekommen es, da sie ein falsches Fundament haben. Sie investieren womöglich viel Zeit und Energie in den Aufbau einer Familie, aber wenn das Fundament das falsche ist, reicht ein kleiner Sturm, und alles, wofür Sie sich eingesetzt haben, stürzt über Ihrem Kopf zusammen.

Jesus erzählt uns dazu eine Geschichte. In Matthäus 7,24 fängt er an: „Jeder nun, der diese meine Worte hört und sie tut, den werde ich mit einem klugen Mann vergleichen, der sein Haus auf den Felsen baute." Statt „Felsen" könnte man hier auch „Wahrheit" sagen. Dann fährt Jesus fort:

... und der Platzregen fiel herab, und die Ströme kamen, und die Winde wehten und stürmten gegen jenes Haus; und es fiel nicht, denn es war auf den Felsen gegründet. Und jeder, der diese meine Worte hört und sie nicht tut, der wird mit einem törichten Mann zu vergleichen sein, der sein Haus auf den Sand baute; und der Platzregen fiel herab, und die Ströme kamen, und die Winde wehten und stießen an jenes Haus; und es fiel, und sein Fall war groß.
Verse 25–27

Es gibt zwei Arten von Familien: die, die auf den Felsen bauen, und jene, die auf Sand bauen – mit anderen Worten: Familien, die auf die Wahrheit bauen, und Familien, die auf andere Dinge bauen. Auf Lügen, Vernachlässigung, Gleichgültigkeit ... Ich bin mir nicht sicher, ob das alles „Sand" darstellt, aber jedenfalls ist es nicht Wahrheit. Einerseits gibt es einige ziemlich attraktive Gründe, die einen auf Sand bauen lassen: Es geht schnell, sieht auf den ersten Blick gut aus und die Nachbarn werden wirklich beeindruckt sein. „Sandburgen" sparen eine Menge Zeit, die man für andere Dinge nutzen kann, die schnelle Befriedigung verschaffen. Wenn Sie Ihre Familie auf Sand aufbauen, ist das so, als würden Sie sagen: „Los geht's, wir müssen das Gebäude schnell hochziehen. Wir wollen doch um 17:00 Uhr auf der Terrasse grillen!" Ihre Familie auf Sand aufzubauen geht schnell und leicht und scheint eine Zeitlang das

Richtige zu sein. Aus diesem Grund entscheiden sich so viele Leute für den Sand als Fundament. Ich glaube sogar, dass die meisten ihn wählen. Das Haus auf Felsen – der Wahrheit – zu bauen verlangt hingegen eine bewusste Entscheidung sowie zielgerichtetes Denken und Handeln. Es bringt große Mühen mit sich: eine Menge Zeit und Energie ist nötig, um tief zu graben und sorgfältig auf die Wahrheit zu bauen. Und das Schlimmste ist: Solange kein großer Sturm an dem auf die Wahrheit gebauten Haus rüttelt, sieht es so aus, als hätte man sich diese Mühe auch sparen können.

Wie gesagt, es gibt zwei Arten von Familien, aber es gibt nur eine Art von Erfahrung: „Der Platzregen fiel herab, und die Ströme kamen, und die Winde wehten und stürmten gegen jenes Haus." Vers 25 hat fast den gleichen Wortlaut wie Vers 27. Zwei verschiedene Familien bauen ihr Leben auf zwei unterschiedlichen Fundamenten, machen aber dieselbe Erfahrung. Fällt Ihnen eine Familie ein, die keine stürmischen Zeiten zu durchleben hatte? In Ihrer Familie wird es ebenso Stürme geben wie in meiner. Vielleicht glauben Sie: *Bei uns wird es entgegen aller Erwartungen anders sein.* – Nein, wird es nicht! Sie werden als Familie viele kleine Stürme erleben und auch einige recht große. Es kann eine gesundheitliche Krise sein oder der tragische Verlust eines geliebten Menschen. Möglicherweise ist es auch ein erheblicher finanzieller Rückschlag oder das rebellische Verhalten eines Sohnes oder einer Tochter, das Ihnen das Herz bricht. Es fällt nicht schwer, sich vorzustellen, was alles auf Sie zukommen könnte. Was allerdings im Voraus schwer vorzustellen ist, ist, welchen Schaden ein solcher Sturm anrichten kann. Solange Sie keinen erleben, ähneln alle Häuser und Familien in Ihrer Straße einander. Erst wenn der Sturm tobt, wird offenkundig, welche Familien auf den Felsen der Wahrheit und welche auf Sand gebaut haben.

Es gibt also *zwei* Arten von Familien, *eine* Art von Erfahrung und zu guter Letzt gibt es *zwei* verschiedene Ergebnisse. Das Haus auf dem Sand stürzte zusammen – eine plötzliche und komplette

Zerstörung. Das auf dem Felsen blieb stehen. Starke Familien sind auf Wahrheit gebaut. Wenn Ihnen das banal erscheint, kann ich Ihnen nur versichern, dass dem nicht so ist. Falls Sie noch nie den völligen Zerbruch einer Familie miterlebt haben, kann ich Ihnen aus Erfahrung sagen, dass nichts anderes so schmerzhaft und nachhaltig ist. Als Pastor sehe ich, wie Menschen so ziemlich alle schwierigen Umstände durchmachen, die das Leben bereithält, und das bei Weitem härteste Schicksal ist der Zerbruch einer Familie. Wenn Ihre Ehe zerbrochen ist, wenn Ihre Kinder sich von Gott abgewandt haben, wenn Sie vor dem finanziellen Ruin stehen, wenn Ihr geistliches Leben zerschmettert ist – dann sind das die schlimmsten Schmerzen, die ein Mensch erleben kann. Im Folgenden möchte ich Ihnen einige Ratschläge aus dem Wort Gottes mit auf den Weg geben, wie Sie diesen Schmerz vermeiden können und Ihre Familie auf die Wahrheit bauen.

Ihre Familie auf Wahrheit zu bauen kostet Kraft

Wäre es leicht, Ihre Familie auf Wahrheit zu bauen, würde es jeder tun – aber viele tun es nicht. Anstrengung bleibt uns nicht erspart. In 2. Timotheus schrieb der Apostel Paulus einem jungen Mann namens Timotheus, was er beim Aufbau seines Dienstes zu beachten hatte. Diese Ratschläge sind auch für uns interessant, da sie uns auch viel über den Aufbau starker Familien zu sagen haben. Schauen wir uns an, was Paulus in 2. Timotheus 2,14–15 schreibt: „Dies bringe in Erinnerung, indem du eindringlich vor Gott bezeugst, man solle nicht Wortstreit führen, was zu nichts nütze, sondern zum Verderben der Zuhörer ist. Strebe danach, dich Gott bewährt zur Verfügung zu stellen als einen Arbeiter, der sich nicht zu schämen hat, der das Wort der Wahrheit in gerader Richtung schneidet!"

Ja, es erfordert Anstrengung, wenn Sie Ihre Familie auf Wahrheit bauen wollen – aber an welchen Dingen müssen Sie arbeiten?

Vermeiden Sie unsinnige Streitereien

Beachten Sie den Ausdruck in Vers 14: „Dies bringe in Erinnerung, indem du eindringlich ... bezeugst." Mit anderen Worten: Es ist eine ernste Sache! Gott hat uns etwas zu sagen und wir müssen aufmerksam zuhören. Und wie sollte Timotheus es bezeugen? – „*vor Gott.*" Hier wird der Gedanke zum Ausdruck gebracht, dass wir nicht allein sind. Der allmächtige Gott ist bei uns und hat eine Botschaft für uns. Er möchte, dass wir sie alle hören, also Ohren auf.

„Indem du eindringlich ... bezeugst, man solle nicht Wortstreit führen." Ich frage mich, ob es irgendetwas gibt, das unseren Häusern so sehr schadet, wie der Streit um Worte. „Wortstreit" könnte auch mit „Krieg der Worte" übersetzt werden. Wenn ein Paar zur Eheberatung kommt und gleich zu Anfang sagt: „Unser Fall ist so verzwickt, dass wir mit einem Pastor darüber reden müssen", werden neun von zehn Pastoren eine Zeitlang zuhören und dann denken: *Worum geht's hier eigentlich? Um* was *kämpft ihr bloß? Eure ganze Ehe wird von einer solchen Kleinigkeit ins Wanken gebracht? Das ist doch nicht euer Ernst, oder?* Dumme, zweitrangige Probleme, die nicht wesentlich oder bedeutsam sind, sollten unsere Familien nicht auseinanderreißen.

Paulus sagt, dass das Streiten um Worte „zu nichts nütze" ist. Es ist wertlos. Es ist nur sinnloses Reden, Reden, Reden, Reden – um Worte streiten. Ich möchte Sie fragen: Würden Sie Ihr schwer verdientes Geld in ein Unternehmen investieren, das vor dem Konkurs steht? Das wäre Geldverschwendung, nicht wahr? Würden Sie auf ein Pferd wetten, das ein gebrochenes Bein hat? (Natürlich befürworte ich keine Pferdewetten, aber Sie wissen, was ich meine, oder?) Das wäre eine ziemlich schlechte Entscheidung. Der

Gedanke in diesem Vers ist derselbe: Es ist nutzlos, sich um Worte zu streiten.

Die Anzahl der Wörter, die wir in unseren Familien austauschen, ist gezählt. Je älter unsere Kinder werden, desto weniger reden wir mit ihnen. Wie nutzen Sie Ihre Worte? „Räume dein Zimmer auf!" – „Ich habe dich schon fünf Mal gebeten, den Müll rauszubringen!" – „Wie viele Plätzchen hast du seit dem Mittagessen schon gehabt?" Sind das die Sätze, für die Sie Ihre Worte gebrauchen? Wir sollten nicht denken, dass sie einen großen Einfluss auf das Leben unserer Kinder haben! Ich fürchte, wir nutzen unsere Worte oft für Dinge von geringem Wert, und anschließend sind wir zu müde, um unserer Familie die Wahrheit zu vermitteln, die ihr ein Quell des Lebens sein kann. Lassen Sie uns also lieber Worte der Wahrheit reden, die aufbauen und den Weg weisen und unseren Familien eine lebenslange, weise Grundlage geben.

Bedenken Sie: Es „ist zum Verderben der Zuhörer", wenn wir darin versagen. Können Sie sich das vorstellen? Das Wort „Verderben" stammt von dem griechischen Wort „*katastrophē*". Es ist nicht schwer zu raten, welches deutsche Wort sich davon ableitet. Wenn Sie sich nach einer Katastrophe sehnen, nach finanziellem Ruin oder einer gescheiterten Ehe, und zusehen wollen, wie Ihre Kinder sich von Gott abwenden, dann streiten Sie sich ruhig um Worte, streiten Sie über unwichtige Dinge.

Möge Gott uns die Demut geben, zu unseren Kindern oder unserem Ehepartner zu gehen und zu sagen: „Es tut mir leid. Ich wollte mich in einer Angelegenheit durchsetzen, die gar nicht so wichtig war." Wir müssen solche dummen Streitereien vermeiden, wenn wir auf die Wahrheit bauen wollen.

Geben Sie dem Wort der Wahrheit Vorrang

Wir müssen auch daran arbeiten, das Wort der Wahrheit an die erste Stelle zu setzen. Schauen wir uns Vers 15 an: „Strebe danach, dich Gott bewährt zur Verfügung zu stellen als einen Arbeiter, der sich nicht zu schämen hat, der das Wort der Wahrheit in gerader Richtung schneidet!" Am Satzanfang heißt es: „Strebe danach", was wörtlich „beeile dich" bedeutet. Das ist kein Auftrag für nächstes Jahr oder nächsten Monat, nicht einmal für nächste Woche. Es muss *heute* geschehen, *jetzt*. Strebe danach. Beeile dich.

Und dann folgen die Worte: „... dich Gott bewährt zur Verfügung zu stellen" für das Wort der Wahrheit. Ist Ihnen bewusst, dass Gott weiß, wie Sie mit seinem Buch umgehen? Er weiß es. Er weiß, ob Sie darauf hören und Ihre Familie entsprechend führen oder ob Sie es für den sonntäglichen Gemeindebesuch erst ausgraben und entstauben müssen – oder vielleicht nicht einmal das. Gott weiß es. Der Gedanke hier ist, dass Sie sich bemühen sollen, vor Gott bewährt dazustehen, weil er sieht, wie Sie sein Wort der Wahrheit behandeln. Es ist wichtig!

Wir alle müssen „Arbeiter [sein, die] sich nicht zu schämen" haben. Würden wir die Wahrheit kennen, würden sich viele Kinder Gottes schämen, weil sie dem Wort der Wahrheit aus dem Weg gehen oder es ignorieren. Sie sagen vielleicht: „Ich kenne die Bibel nicht gut." Warum kennen Sie sie nicht? Wie lange sind Sie schon ein Christ?

Haben Sie genug Zeit, um den Aktienmarkt zu verfolgen? Haben Sie genug Zeit, um die Fußballergebnisse im Blick zu behalten? Sie kennen sich mit einer Menge anderer Dinge aus, über einige Ereignisse informieren Sie sich gründlich in der Tageszeitung, aber kennen Sie das Wort der Wahrheit? In Ihrem Haus und mit Ihren Kindern passieren Dinge, die nicht in Ordnung sind. Sie haben nicht das Wort ergriffen und gesagt: „Das ist das Wort der Wahrheit." Wenn wir uns nicht dafür schämen wollen, wie wir mit dem Wort der Wahrheit umgehen, müssen wir etwas tun.

Mir gefällt das, was als Nächstes in unserer Bibelstelle steht: „Der das Wort der Wahrheit in gerader Richtung schneidet!" Wir sollen das Wort der Wahrheit gerade schneiden, recht teilen, richtig behandeln (siehe auch UELB; SCH).

Das gilt auch innerhalb unserer Familien. Wenn meine Tochter mit einem ungläubigen Jungen ausgehen will, das Wort der Wahrheit in 2. Korinther 6,14 aber sagt: „Geht nicht unter fremdartigem Joch mit Ungläubigen!“, rede ich mit ihr und schneide das Wort in gerader Richtung. Wenn mein Sohn in meinem Haus gottlose Musik hören will, das Wort der Wahrheit in Philipper 4,8 aber sagt: „Alles, was rein, alles, was liebenswert ... ist, ... das erwägt!“, dann rede ich mit ihm und schneide das Wort in gerader Richtung.

Vielleicht sagen Sie: „Ehrlich gesagt, um meine Ehe ist es zurzeit nicht gut bestellt. Sie ist mehr Arbeit als Vergnügen. An manchen Tagen, in den dunkelsten Stunden, frage ich mich ernsthaft, ob ich es schaffe. Ich bin mir nicht sicher, ob ich bis zum Ende meines Lebens durchhalte.“ Doch das Wort der Wahrheit sagt in Matthäus 19,6: „Was nun Gott zusammengefügt hat, soll der Mensch nicht scheiden.“ Also vertreiben Sie diese Gedanken aus Ihrem Kopf und schneiden Sie das Wort in gerader Richtung.

Möglicherweise haben Sie momentan Schwierigkeiten am Arbeitsplatz und finanziell ging es Ihnen auch schon mal besser. Es war kein gutes Jahr für Sie, die Firma läuft nicht, und Sie denken darüber nach, wie Sie Kosten sparen können. Vielleicht überlegen Sie sich auch, in der Gemeinde nicht mehr so viel Geld in die Sammlung zu geben, weil Sie meinen: *Ich muss für meine Familie sorgen und einigen finanziellen Verpflichtungen nachkommen.* Sie sind versucht, dem Wort der Wahrheit untreu zu werden. Dann erinnern Sie sich an Matthäus 6,33: „Trachtet aber zuerst nach dem Reich Gottes und nach seiner Gerechtigkeit! Und dies alles wird euch hinzugefügt werden.“ Sie erlauben sich nicht länger den Luxus, sich von dem zu entfernen, was das Wort Gottes sagt. Sie „schneiden es in gerader Richtung“; Sie behandeln das Wort der Wahrheit richtig. Und Sie geben dem Wort Gottes den Vorrang.

Vor Kurzem hatten wir in unserer Gegend starke Regenfälle. Bei vielen Leuten war der Keller überflutet. Am Morgen nach dem Sturm kamen zwei liebe Glaubensschwestern aus der Nachbarschaft vorbei und sagten: „Wir haben euch heute Nacht angerufen. Wir wollten sichergehen, dass euer Keller nicht vollläuft."

„Wir haben nur schnurlose Telefone", sagte ich. „Wenn der Akku leer ist, funktionieren sie nicht."

„Ihr habt für so eine große Familie nur ein paar schnurlose Telefone?", antworteten die Schwestern. „Wir haben sechs Telefone in unserem Haus; drei schnurlose und drei andere."

Ich konnte es nicht glauben. „Wow, sechs Telefone habt ihr? Wozu?" Sie meinten: „Wir arbeiten für die Telefongesellschaft. Was kann man da erwarten? Ist euer Haus nicht voll mit Bibeln?"

Ich musste laut lachen: „Ja, das ist tatsächlich so!" Als wir uns trennten, lag ein Lächeln auf meinem Gesicht, denn genau dafür soll meine Familie bekannt sein – dafür, dass wir erfüllt sind von der Wahrheit des Wortes Gottes. So sollte unser aller Leben sein: Wir sollten auf das Wort Gottes bauen und es zu unserer Priorität machen. Doch das ist nicht leicht.

Ihre Familie auf Wahrheit zu bauen bedeutet Korrektur

Sie sagen jetzt vielleicht: „Wenn ich den Standpunkt in meiner Familie vertrete, der gerade beschrieben wurde, dann wird es zu Konflikten kommen." Das ist tatsächlich unvermeidlich, denn Ihre Familie auf Wahrheit zu bauen bedeutet Korrektur.

Paulus schrieb über den Knecht des Herrn (und als solche sind wir in unsere Familien gestellt): „Ein Diener des Herrn darf aber nicht streiten, sondern soll allen freundlich begegnen. Er muss die Lehre klar vermitteln, darf sich aber nicht provozieren lassen, sondern muss die Widerspenstigen mit Güte und Geduld zurechtweisen. Vielleicht gibt ihnen Gott die Möglichkeit zur Änderung ihrer Einstellung, dass sie die Wahrheit erkennen" (2. Timotheus 2,24–25; NeÜ).

Sanftmut trotz Widerstand

Die Worte „mit Güte und Geduld" sind sehr wichtig. In dieser Weise sollen wir die Wahrheit in unseren Häusern weitergeben. Wenn wir die Wahrheit mit Güte und Geduld verfolgen, schützen wir unsere Häuser vor harten, schonungslosen Worten, die persönliche Kränkungen oder den Ärger über die Probleme eines Familienmitglieds nur oberflächlich verbergen können. Korrektur soll also mit Güte und Geduld erfolgen, aber ausbleiben soll sie nicht. „...die Widerspenstigen mit Güte und Geduld zurechtweisen." Wenn wir uns dazu entschließen, die Wahrheit zum Fundament unserer Familie zu machen, wird das zu Widerstand führen. Nicht nur vielleicht, sondern mit Sicherheit, und zwar recht schnell. Sie wollen nun wahrscheinlich wissen, auf welche Art von Widerstand Sie gefasst sein müssen.

Erstens müssen Sie damit rechnen, dass Sie missverstanden werden. Wenn Sie Ihre Familie auf dem Fundament der Wahrheit bauen wollen, werden Sie hin und wieder Ablehnung erfahren. Einige Angehörige Ihrer erweiterten Familie denken vielleicht: Meine Güte, du übertreibst es wirklich mit deinem ganzen Rummel um die Bibel! Man wird Ihnen womöglich vorwerfen, zu hart zu sein, ganz gleich, wie liebevoll Sie sind – einfach nur weil das Wort der Wahrheit schmerzt. Einige Leute werden vielleicht Ihre Motive infrage stellen oder Sie angreifen und sagen: „Du bist auch nicht gerade perfekt."

Stellen Sie sich außerdem darauf ein, dass es anstrengend ist. Ich weiß noch, wie Kathy und ich das mit unseren Kindern durchmachten, als diese noch jünger waren. „Ich bin es so leid, meine Kinder ständig in der Wahrheit zu belehren und zu schulen", werden Sie sagen. „Manchmal scheint es, als müssten sie ununterbrochen korrigiert werden. Das ist wirklich anstrengend!" Ja, das ist es, aber lassen Sie sich deshalb nicht davon abhalten, das Richtige zu tun.

Und schließlich ist da noch das Problem der emotionalen Distanz. Vielleicht haben Sie jugendliche Kinder, von denen Sie als uncool und viel zu streng bezeichnet werden. Sie werden möglicherweise über viele Jahre nicht den Wert der Wahrheiten erkennen, auf der Sie Ihre Familie bauen. Ich bitte Sie inständig, nicht nachzugeben, egal, wie viele verletzende Worte sie zu Ihnen sagen oder wie viel Augenrollen Sie ertragen müssen. In den wichtigen Bereichen sollten Sie einfach tun, was richtig ist, auch wenn es zu Kämpfen unter Ihrem Dach führt. Ziehen Sie eine Grenze. Wenn Ihre Kinder erwachsen werden und ihre eigenen Kinder großziehen, werden sie erkennen, dass Sie das getan haben, was am besten für sie war. Wenn Sie durchhalten, werden sie Ihnen eines Tages danken.

Halten Sie stand, wenn es am schwersten ist

Sie sagen jetzt vielleicht: „Ich stehe in meinem Haus für die Wahrheit ein. Ich glaube jedenfalls, dass ich es tue. Größtenteils. Zumindest in den *wichtigen* Fragen." Nein, Sie stehen nicht für die Wahrheit ein, solange Sie es nicht in dem Punkt tun, in dem der Wahrheit widerstanden wird. Das ist absolut entscheidend. Martin Luther, der Vater der protestantischen Reformation, schrieb einmal: „Wenn ich mit lautester Stimme und deutlichster Auslegung jeden Teil des Wortes Gottes bekenne, außer genau den Punkt, den die Welt und der Teufel in diesem Augenblick angreifen, dann bekenne ich Christus nicht. Dort, wo der Kampf tobt, wird die Loyalität des Soldaten geprüft. Und wenn er an der ganzen Kriegsfront standfest bleibt außer in dieser Sache, so begeht er Flucht und es trifft ihn Schande."[3] Luther hat recht, und die christlichen Familien heute tun gut daran, seine Worte ernst zu nehmen.

Sie können in fünfzehn verschiedenen Fragen für die Wahrheit einstehen, aber wenn Sie da kapitulieren, wo Sie auf Widerstand treffen, bauen Sie Ihr Haus nicht auf Wahrheit auf. Es braucht nur eine undichte Stelle, um eine Flut von Kompromissen in Gang zu bringen. Wo erleben Sie momentan Widerstand in Ihrem Haus oder in Ihrer Ehe oder bei Ihren Kindern? Wo tobt der Kampf? Bleiben Sie fest entschlossen in diesem Punkt. Sie sagen: „Das wird Probleme geben"? Nehmen Sie sie in Kauf! Genau das ist der Punkt, in dem Ihre Familie das Wort der Wahrheit braucht.

Aber warum? Warum bestehen wir auf der Wahrheit? Warum sollten wir eine solche Belastung auf uns nehmen? Weil wir nur dann mit Gott zusammenarbeiten. Beachten Sie, dass in Vers 25 steht, der Diener des Herrn solle „die Widerspenstigen mit Güte und Geduld zurechtweisen. Vielleicht gibt ihnen Gott die Möglichkeit zur Änderung ihrer Einstellung, dass sie die Wahrheit erkennen." Sie sagen: „Ich möchte Veränderungen in meiner Ehe. Ich möchte, dass sich meine Kinder verändern. Ich möchte sehen, wie sich meine Eltern verändern. Ich möchte meinen Bruder für Christus gewinnen." Wenn Sie sich für die Wahrheit einsetzen, arbeiten Sie mit Gott zusammen. Wenn Sie die Wahrheit hochhalten, führt Gott Ihre Lieben möglicherweise zur Buße. Das ist der erste Schritt bei allen Veränderungen: echte Buße. Und nur Gott kann sie bewirken.

Solange Sie nicht die Wahrheiten des Wortes Gottes vermitteln, wird Gott Ihren Einsatz für Ihre familiären Beziehungen nicht belohnen. Klingt Ihnen das zu ernst und zu hart? Dann lesen Sie weiter.

Ihre Familie auf der Wahrheit des Wortes Gottes zu bauen erfordert eine Beziehung

Sie sagen: „Aber ich liebe meine Familie. Das Prinzip der Wahrheit wirkt so kalt und scheint sich nicht um Beziehungen zu scheren."

Das stimmt nicht. Im Gegenteil. Ich sage Ihnen: Wenn Sie Ihre Familie auf Wahrheit bauen wollen, sind liebevolle, tief gehende Beziehungen Voraussetzung. Sie sind sehr wichtig.

Die Beziehung zum Lernenden

In 2. Timotheus 3,14–16 hat Paulus die Verbindung zwischen der Wahrheit und familiären Beziehungen aufgegriffen. Zuerst einmal muss eine Beziehung zu dem Lernenden bestehen. In Vers 14 heißt es: „Du aber bleibe in dem, was du gelernt hast und wovon du überzeugt bist, da du weißt, von wem du gelernt hast." Nehmen Sie sich einen Augenblick Zeit und lesen Sie diesen Vers noch einmal. Kommt Ihnen etwas merkwürdig vor? Da steht etwas, das ich nicht erwartet hätte. Ich hätte es verständlich gefunden, wenn Paulus gesagt hätte: „Timotheus, bleibe bei den Dingen, die du gelernt hast, weil du weißt, *was* du gelernt hast." Doch das steht da nicht. Es hätte mich auch nicht überrascht, wenn Paulus gesagt hätte: „Timotheus, bleibe bei den Dingen, die du gelernt hast, weil du weißt, *wie* du sie gelernt hast. Du erinnerst dich an all das, was du durchmachen musstest, um sie zu lernen, oder? Möchtest du es noch einmal durchmachen?" Aber auch das schreibt Paulus nicht. Ich hätte mir auch noch vorstellen können, dass Paulus schreibt: „Timotheus, bleibe bei den Dingen, die du gelernt hast, weil du weißt, *warum* du sie gelernt hast. Jeder weiß, wie wichtig es ist, sich an die Lektionen zu erinnern, die er in schweren Zeiten gelernt hat." Doch auch das steht hier nicht.

Stattdessen betont Paulus: „Timotheus, bleibe bei den Dingen, die du gelernt hast, weil du weißt, *von wem* du sie gelernt hast." Er sagt: „Weißt du, was wirklich wichtig ist? Es ist die Beziehung." Was am meisten zählt, ist nicht, was oder wie oder warum Timotheus lernte – sondern *wer* ihm diese wichtigen Dinge beibrachte.

Sie sagen sich: „Es ist doch klar, dass er das schreibt. Ich meine, wenn der Apostel Paulus *mein* Lehrer gewesen wäre, wäre es mir auch sehr wichtig, *von wem* ich gelernt habe. Einen solchen Lehrer hatte ich aber nicht." Doch Paulus sprach nicht davon, dass er der Lehrer von Timotheus war, denn am Anfang des nächsten Verses bezieht er sich auf Timotheus' Kindheit: „... da du weißt, von wem du gelernt hast, *und weil du von Kind auf die heiligen Schriften kennst.*"

Wer zeigt den Mitgliedern unserer Familie, dass Wahrheit eine sehr wichtige Sache ist, die nicht ignoriert werden darf? Und wer hat es Timotheus beigebracht? Gehen wir zurück zu 2. Timotheus 1,5, wo Paulus schrieb: „Denn ich erinnere mich des ungeheuchelten Glaubens in dir, der zuerst in deiner Großmutter Lois und deiner Mutter Eunike wohnte, ich bin aber überzeugt, auch in dir." Das sollte jeder alleinerziehenden Mutter und jedem alleinerziehenden Vater Mut machen. Timotheus' Vater war ein Grieche, der offensichtlich nicht den Gott Israels anbetete (Apostelgeschichte 16,1.3), aber Timotheus hatte eine treue Mutter und eine ebenso treue Großmutter, die die Wahrheit in sein Leben brachten. Es ist absolut wichtig, dass wir uns bewusst machen, dass die Wahrheit am nachhaltigsten in Beziehungen gelehrt wird.

Ich erinnere mich an eine Familie in der Gemeinde, in der ich aufwuchs. Die Mutter war sehr musikalisch und spielte in jedem Gottesdienst ein Instrument. Jedes Mal, wenn sich die Gemeindetüren öffneten, war der Vater mit seinen Kindern da, er belehrte sie auch am Esstisch in der Wahrheit und führte ein integeres Leben. Aber er war für seine Kinder kein Freund. Er war kalt, streng und distanziert. Oft war er ärgerlich, und er hielt sich zunehmend von seinen Kindern fern, als sie anfingen, gegen seine „Regeln ohne Beziehung" zu rebellieren. Es genügt wohl, wenn ich sage, dass ein paar seiner Kinder erst zum Glauben kamen, als sie Mitte dreißig waren, andere von ihnen sind nach wie vor nicht umgekehrt.

Der Vater mag mittlerweile beim Herrn sein, aber ein paar seiner Kinder werden wohl nie dorthin kommen, weil ihnen die Wahrheit nicht über die Beziehungsebene vermittelt wurde.

Es ist nicht die Aufgabe Ihres Gemeindeleiters, Ihren Kindern das Wort Gottes zu lehren – ebenso wenig ist es die des Sonntagsschullehrers oder des Jugendleiters. Danken Sie Gott für diese Unterstützung, aber es liegt in der Verantwortung der Eltern, ihren Kindern das Wort Gottes nahezubringen.

Ich möchte Ihnen als Eltern Mut machen, wenn Sie diese Aufgabe ernst nehmen. Auch wenn Ihre Kinder Probleme haben und sich vielleicht sogar vom Glauben entfernen, glaube ich von ganzem Herzen, dass sie zurückkommen werden. Sie werden nicht für immer fernbleiben. Der Segen wird sie zurückbringen, und sie werden zu den Wahrheiten zurückkehren, die Sie viele Jahre lang in ihre Herzen gesät haben – vorausgesetzt, Sie haben ihnen diese Wahrheit im Rahmen einer tiefen Beziehung vermittelt.

In dieser Hinsicht habe ich selbst noch eine Menge zu lernen. Erst kürzlich habe ich mit meinem ältesten Sohn ein neues Bibelstudium angefangen. Ich sagte zu Luke: „Wie wäre es, wenn wir uns mal mit dem Leben Davids beschäftigen?" Nach dem ersten Kapitel kam er zu mir und meinte: „Dad, eigentlich will ich dieses Studium im Moment nicht." So etwas hatte er noch nie zu mir gesagt. „Könnten wir heute stattdessen nicht einfach eine Spritztour mit dem Auto machen und miteinander reden – und am Ende beten wir dann vielleicht zusammen?" In dem Moment wurde es auch mir wieder neu klar: Die Beziehung ist entscheidend. Die Wahrheit wird im Rahmen einer guten Beziehung weitergegeben.

Eine Beziehung zum Urheber der Wahrheit

Nicht nur die Beziehung zu dem Lernenden ist wichtig, sondern auch die zu Gott. Beachten Sie, was Paulus am Ende von 2. Timotheus 3,14–15 schreibt: „Bleibe in dem, was du gelernt hast und wovon du überzeugt bist, da du weißt, von wem du gelernt hast, und weil du von Kind auf die heiligen Schriften kennst, die Kraft haben, dich weise zu machen zur Rettung durch den Glauben, der in Christus Jesus ist.“ Letzten Endes dreht sich alles um Jesus Christus. Wir beten nicht die Bibel an. Was ich meine, ist: Es geht nicht um das Buch; es geht um die Person, von der das Buch handelt.

Aus der Bibel erfahren wir vom Retter. In Johannes 5,39 sagte Jesus zu den Pharisäern: „Ihr erforscht die Schriften, denn ihr meint, in ihnen ewiges Leben zu haben, und sie sind es, die von mir zeugen.“ Entscheidend ist der Urheber der Wahrheit.

Als Kinder sangen wir öfters den folgenden Refrain:

Die Bibel ist das geschriebene Wort Gottes.
Sie erzählt uns vom lebendigen Wort Gottes.
Auf jeder Seite, in jeder Zeile,
wirst du den Sohn Gottes finden.

Alles dreht sich um Jesus Christus. Es ist wichtig, dass wir uns daran erinnern. Unsere ganze Anbetung rührt daher, dass wir den Christus der Schriften kennen. Jeder Trost beruht darauf, dass wir den Christus des Wortes Gottes kennen. Alle Gnade und Güte, aller Segen und alle Freude entspringt daraus, dass wir die Person kennen, die in diesem Buch geoffenbart wird.

Familien, die auf Wahrheit gebaut sind, haben Bestand

Wollen Sie den Kampf um Ihre Familie gewinnen? Wollen Sie durch die schwere Zeit kommen, die Sie vielleicht gerade erleben? Dann gründen Sie Ihre Familie auf der Wahrheit. Eine meiner Lieblingsstellen ist 2. Timotheus 3,16–17: „Alle Schrift ist von Gott eingegeben und nützlich zur Lehre, zur Überführung, zur Zurechtweisung, zur Unterweisung in der Gerechtigkeit“ (Vers 16).

Das Wort, das hier mit „eingegeben“ übersetzt ist, stammt von dem griechischen Wort, das so viel wie „gottgehaucht“ bedeutet. Mit anderen Worten: Gott hat sich nicht nur ein paar Konzepte ausgedacht und sie den Verfassern der Schrift mitgeteilt, so nach dem Motto: „Ach, schreibt mal etwas darüber.“ Nein, Gott hat die exakten Worte der Schrift festgelegt. „Von Gott her redeten Menschen, getrieben vom Heiligen Geist“ (2. Petrus 1,21). Jedes einzelne Wort stammt aus dem Herzen Gottes. Aus diesem Grund ziehe ich es vor, eine wortgetreue Übersetzung der Bibel zu studieren.

Alle Schrift – von 1. Mose 1,1 bis Offenbarung 22,21 – ist von Gott inspiriert worden und nützlich für vier Dinge: *zum Lehren* (Wahrheiten über Gott und Errettung, Geld, Arbeit und Familie); *zum Überführen* (die Bibel macht unsere Fehler deutlich und zeigt uns, wo wir uns irren); *zum Zurechtweisen* (die Bibel zeigt uns auch die Dinge, die richtig sind); und *zum Unterweisen in der Gerechtigkeit* (die Bibel zeigt uns nicht nur, *was* wir tun sollen, sondern auch *wie* wir es tun sollen; die richtige Handlungsweise und wie wir dahin kommen).

Zehn Anregungen, wie man eine starke Familie wird

Haben Sie sich entschieden, Ihre Familie auf der Wahrheit zu bauen? Ich möchte Ihnen zehn praktische Anregungen geben, die Ihnen dabei helfen können. Suchen Sie sich drei aus, die Sie zu Hause umsetzen wollen. Fangen Sie heute an. Egal, an welchem Punkt Ihre Familie zurzeit auch steht, fangen Sie damit an.

1. *Legen Sie eine bestimmte Zeit fest, in der Sie mit Ihrer Familie gemeinsam in der Bibel lesen und zusammen beten.* Sagen Sie einfach: „Von heute an wollen wir jeden Montagabend die Bibel aufschlagen. Direkt nach dem Essen werden wir zusammen lesen und beten.“

2. *Lernen Sie als Familie einen Abschnitt aus dem Wort Gottes auswendig.* Wenn Sie frisch verheiratet sind, können Sie sagen: „Lass uns unser Zuhause auf der Wahrheit aufbauen." Psalm 127 oder Epheser 6 wären ein guter Anfang.

3. *Machen Sie in Ihrer Familie einen Wettbewerb daraus, die Reihenfolge der einzelnen Bibelbücher auswendig zu lernen.* Schließlich ist es nicht leicht, ein Haus zu finden, wenn man die Adresse nicht kennt! „Lasst uns zusammen die Reihenfolge der Bücher der Bibel lernen; am Ende gibt es Preise." Denken Sie sich gute Preise aus und dann lernen Sie die Bücher der Bibel miteinander.

4. *Lesen Sie die Bibel einmal im Jahr durch.* Ob mit Ihren Kindern oder mit Ihrem Mann/Ihrer Frau – lesen Sie zusammen in einem Jahr die Bibel durch. Reden Sie miteinander darüber und helfen Sie sich gegenseitig.

5. Besorgen Sie sich ein paar Vorträge zum Thema „Familie" (als MP3, auf CD oder Kassette). Wenn Sie als Familie etwas Feinjustierung brauchen, sollten Sie zu gutem Lehrmaterial greifen. Viele Pastoren und Bibellehrer haben Predigtreihen über Ehe und Familie veröffentlicht. Besorgen Sie sich die Vorträge, nehmen Sie sich Zeit, schlagen Sie gemeinsam Ihre Bibeln auf, hören Sie sich miteinander die Vorträge an, machen Sie sich Notizen, beten Sie über das, was Sie gehört haben, und besprechen Sie es im Anschluss miteinander.

6. Treffen Sie Entscheidungen, die die Familie betreffen, anhand der Bibel. Wenn Sie vor einer großen Entscheidung stehen, gehen Sie zu Ihrem Gemeindeleiter und fragen Sie ihn: „Wo finden wir eine Bibelstelle, die uns bei dieser Entscheidung helfen kann?"

7. Machen Sie den Fernseher aus und lesen Sie eine biblische Geschichte vor. Begeistern Sie Ihre Kinder dafür: „He, Kinder, kommt mal her. Ihr meint, diese Fernsehshow ist gut? Dann hört euch das mal an!" Suchen Sie sich eine Geschichte aus dem Alten Testament aus. „Ihr werdet staunen, was Gott hier getan hat!" Zeigen Sie ihnen, dass Mama und Papa von der Wahrheit in diesem Buch begeistert sind.

8. Nehmen Sie zusammen an einem Bibel- oder Hauskreis teil. Gehen Sie als Paar oder als Familie dorthin. Lernen Sie vom Wort Gottes.

9. Beten Sie vor dem Zubettgehen nicht nur mit Ihren Kindern, sondern lesen Sie ihnen auch einen Abschnitt aus dem Wort Gottes vor. Schlagen Sie die Bibel auf, zeigen Sie ihnen, was das Wort Gottes sagt, und beten Sie anschließend mit ihnen, bevor sie sich schlafen legen. 5. Mose 6,7 sagt: „Und du sollst sie [Gottes Gebote] deinen Kindern einschärfen, und du sollst davon reden, wenn du in deinem Hause sitzt und wenn du auf dem Weg gehst, wenn du dich hinlegst und wenn du aufstehst."

10. *Legen Sie ein paar Wertbegriffe für Ihre Familie fest und hängen Sie sie in Ihrem Haus auf.* Wir haben fünf solcher Familienwerte, die wir gerade erst in einem schönen Wandbild festgehalten und in unserem Wohnzimmer aufgehängt haben, wo wir sie immer vor Augen haben. Hier sind sie (Sie können sie gerne für Ihre Familie übernehmen oder sich eigene ausdenken):

    I. *Liebe Gott.*
    Was für eine Überraschung! Schließlich lautet das oberste Gebot in der Schrift: „Du sollst den Herrn, deinen Gott, lieben aus deinem ganzen Herzen" (Markus 12,30).

II. *Die Familie hat Priorität.*
„Sprich nicht so mit deiner Schwester." – „Das ist deine Mutter; tue, was sie sagt!" – „Wir gehen gemeinsam durch diese Situation." Loyalität, Hingabe, Einigkeit, Perspektive. Die Familie kommt zuerst.

III. *Arbeite hart.*
Mein zweiter Vorname ist Sherwood – der Mädchenname meiner Mutter. Als Kind zog mich meine Mutter oft fest an sich und flüsterte in mein Ohr: „Sherwoods wissen, wie man arbeitet. Vergiss das nie. Wir wissen, wie man hart arbeitet." Wenn ich kleine Arbeiten in der Nähe des Hauses verrichtete, rief sie mich bei meinem zweiten Vornamen. Für sie war der Name Ausdruck eines Charakterzugs, der ihr gegeben wurde und den sie wiederum in mir formte. Das ist eine große Vision, die wir unseren Kindern in dieser trägen, egoistischen Welt geben – arbeite hart!

IV. *Sag die Wahrheit.*
Selbst wenn es schmerzt. Auch wenn es Sie noch mehr in Schwierigkeiten bringt. Bringen Sie die Wahrheit ans Licht. Gott kann eine Menge daraus machen. Spielen Sie nicht mit der Wahrheit, machen Sie einen Bogen um Halbwahrheiten, vertuschen Sie nichts. Seien Sie ein Vorbild in Sachen Wahrheit. Die Wahrheit wird Ihrer Familie guttun. Gott selbst wird dafür sorgen.

V. *Sei freundlich.*
Machen Sie nicht andere Menschen schlecht, überrumpeln Sie sie nicht, fahren Sie Ihnen nicht über den Mund. Seien Sie einfach freundlich, und behandeln Sie andere so, wie Sie behandelt werden möchten. Freundlichkeit kann eine Menge Probleme lösen.

Das sind unsere Familienwerte; machen Sie sie sich zu Eigen oder überlegen Sie sich eigene. Nur sorgen Sie dafür, dass Sie welche haben, und hängen Sie sie in Ihrem Haus auf.

Reisefertig

Warum sollten Sie sich all das, was ich hier geschrieben habe, zu Herzen nehmen? 2. Timotheus 3,17 gibt die Antwort: „Damit der Mensch Gottes richtig sei, für jedes gute Werk ausgerüstet", das bedeutet so viel wie: vollständig ausgestattet für die Reise des Lebens. Gottes Wort enthält die ganze Wahrheit, die wir brauchen, um für die Reise des Lebens komplett ausgestattet zu sein. Denken Sie daran: *Mein Ehepartner soll komplett ausgestattet sein für die Reise des Lebens. Mein Sohn soll komplett ausgestattet sein für die Reise des Lebens. Meine Tochter soll komplett ausgestattet sein für die Reise des Lebens. Unsere ganze Familie soll komplett ausgestattet sein für die Reise des Lebens.*

All das wird der Fall sein, wenn Sie sich bereit erklären, Ihre Familie auf Wahrheit zu bauen.

Ein Gebet, das Sie nach oben zieht

Danke Herr, dass du mir gezeigt hast, was es bedeutet, meine Familie, meine Ehe und mein ganzes Leben auf dem Fundament der Wahrheit deines Wortes zu bauen.

Zeige mir auch die Bereiche, in denen ich nicht an deinen Maßstab herankomme. Lass mich nicht nur wissen, wie wichtig die Wahrheit ist, sondern lass mich auch danach handeln. Hilf mir, mich heute anders zu verhalten. Schenke mir die Kraft, an der Wahrheit festzuhalten, auch wenn das Schwierigkeiten bringt. Lass mich deine Wahrheit achten, indem ich nach dem lebe, was ich gelernt habe. Darum bitte ich dich im Namen deines Sohnes, Jesus Christus. Amen.

Überlegungen, die tiefer gehen

Psalm 119 verkündet die Herrlichkeiten des Wortes Gottes und die Segnungen, die uns zuteil werden, wenn wir nach seiner Wahrheit leben.

Nehmen Sie sich vor, diesen langen Psalm (176 Verse) in den nächsten Tagen durchzulesen und über ihn nachzudenken. Notieren Sie, was Ihnen dabei aufgefallen ist. Wie sieht das Leben von Menschen aus, die den Geboten Gottes folgen? Wie unterscheidet es sich von dem der Menschen, die lieber ihren eigenen Weg gehen? Welchen Wert hat Gottes Wort?

Schreiben Sie auf, was der Herr Ihnen zeigt.

Anregungen zur Umsetzung

Zum Ende des Kapitels habe ich Ihnen zehn einfache und praktische Dinge vorgeschlagen, die Ihnen dabei helfen können, Ihre Familie auf dem Fundament der Wahrheit zu bauen. Worauf warten Sie noch? Greifen Sie in der nächsten Woche mindestens drei dieser Ideen auf und setzen Sie sie in die Praxis um. Und machen Sie sich keine Sorgen, wenn die Dinge am Anfang nicht so glattlaufen, wie Sie es sich wünschen. Tun Sie einfach das, wovon Sie wissen, dass es richtig ist, und vertrauen Sie auf Gott, dass er die Veränderungen herbeiführt, die er in Ihrer Familie sehen will. Wenn Sie drei der zehn Vorschläge umgesetzt haben, sind Sie bereit für das nächste Kapitel.

Kapitel 6 // Wort 5: Gemeinde

Die Gemeinde Jesu Christi ist heute zweifelsohne die Hilfe für Familien, die am wenigsten gefragt ist. Überall um uns herum versuchen Familien mit aller Macht, das zu werden, was sie im Herrn sein könnten. Doch viele versuchen ohne die Hilfe der einzigen Institution zurechtzukommen, die Gott eingesetzt hat, um die Familie zu fördern und zu unterstützen.

Nehmen wir nur einmal die Überlegungen, die wir im letzten Kapitel zum Thema „Wahrheit" angestellt haben; welche Chancen haben Sie, Ihre Familie ohne den so wichtigen Anschluss an eine bibeltreue Gemeinde auf dem Fundament der Wahrheit zu gründen? Keine! Es ist unmöglich! Ihre Familie wird es nie alleine schaffen. Eine Familie, die sich selbst überlassen ist, kann unmöglich ausleben, was Gottes Wort konsequent lehrt. Deshalb hat Gott eine Glaubensgemeinschaft vorgesehen, die wir Gemeinde nennen.

Schauen Sie sich an, was Paulus in 1. Timotheus 3,14–15 über die Gemeinde schrieb: „Dies schreibe ich dir ..., damit du weißt, wie man sich verhalten muss im Hause Gottes, das die Gemeinde des lebendigen Gottes ist, die Säule und Grundfeste der Wahrheit." Beachten Sie, dass die Gemeinde die Säule der Wahrheit ist. Wozu ist eine Säule da? Sie stützt das Dach. Heute haben viele Familien das Gefühl, das Dach würde jeden Moment über ihrem Kopf zusammenbrechen, aber das muss nicht so sein. Beachten Sie auch, dass die Gemeinde die Grundfeste der Wahrheit ist. Sie ist das Fundament der Wahrheit, das Ihr Zuhause in stürmischen Zeiten trägt, wenn Ihre Familie bis ins Mark erschüttert wird.

Als Pfeiler und Grundfeste der Wahrheit Gottes darf die Gemeinde in unseren Familien nicht vernachlässigt werden, wenn wir Gottes verändernde Kraft erleben wollen. Die Gemeinde Jesu Christi ist eine unglaubliche Hilfe, die Ihre Ehe stützt, Ihre Kinder lehrt und Ihrer Familie all den Segen schenkt, den Gott uns schenken möchte. Und trotzdem lassen sich viele Familien den enormen Reichtum und den Schutz entgehen, die sie in der örtlichen Gemeinde bekommen könnten. Kein Zweifel, die Gemeinde ist die am meisten unterschätzte Hilfe für Familien.

Vergessen Sie nicht, warum Paulus diese Worte aufschrieb: „... damit du weißt, wie man sich verhalten muss im Hause Gottes." Leider haben die meisten keine Ahnung, wie sie die Vorteile, die ein Gemeindeanschluss mit sich bringt, für sich nutzen können. Und da sie nicht wissen, wie „man sich verhalten muss", lassen sie sich den überaus großen Segen des Herrn entgehen. Das ist das Problem, mit dem wir uns in diesem Kapitel beschäftigen wollen.

Ich möchte Ihnen drei einfache Dinge mit auf den Weg geben, damit Sie sich den Nutzen dieses fünften Wortes „Gemeinde" zu Eigen machen können:

1. Glauben Sie an den Sinn der Gemeinde.
2. Ordnen Sie sich der Gemeinde unter.
3. Nehmen Sie am Gemeindeleben teil.

Sie sagen vielleicht: „Ich glaube nicht, dass unsere Familie so viel von der Gemeinde hat, wie es sein sollte. Was können wir daran ändern?" Nun, lassen Sie uns mit dem ersten Punkt anfangen:

Glauben Sie an den Sinn der Gemeinde

Sie müssen an den Sinn der Gemeinde glauben, wie Jesus es tut. Lassen Sie uns Matthäus 16,13–15 lesen:

Als aber Jesus in die Gegenden von Cäsarea Philippi gekommen war, fragte er seine Jünger und sprach: Was sagen die Menschen, wer der

Sohn des Menschen ist? Sie aber sagten: Einige: Johannes der Täufer; andere aber: Elia; und andere wieder: Jeremia oder einer der Propheten. Er spricht zu ihnen: Ihr aber, was sagt ihr, wer ich bin?

Das ist immer die große Frage: Was sagen *Sie,* wer Jesus ist? Es zählt nicht, was Ihre Mutter meint oder Ihr Großvater oder Ihre Nachbarn. Die Frage ist: „Was sagen *Sie,* wer Jesus ist?" Das ist entscheidend.

Jesus wandte sich an seine Jünger und fragte sie: „Was sagt ihr, wer ich bin?" Als Nächstes lesen wir: „Simon Petrus aber antwortete" (Vers 16). Das ist keine Überraschung, war Petrus doch immer recht schnell mit seinen Worten. Er mischte sich ständig ein und sagte alle möglichen wirren und seltsamen Sachen, bei denen sich wohl jeder verwundert am Kopf gekratzt hat. Aber Sie wissen, wie das ist – wenn man es immer und immer wieder versucht, trifft man irgendwann auch mal ins Schwarze. Und diesmal war es bei ihm so weit: „Simon Petrus aber antwortete und sprach: Du bist der Christus, der Sohn des lebendigen Gottes." Petrus hatte einen Volltreffer gelandet! „Und Jesus antwortete und sprach zu ihm: Glückselig bist du, Simon, Bar Jona; denn Fleisch und Blut haben es dir nicht geoffenbart, sondern mein Vater, der in den Himmeln ist" (Vers 17).

Gott geht uns nach

Ich möchte Ihnen eine Frage stellen: Wie findet ein Mensch zu einer persönlichen Beziehung zu Christus? Viele würden sagen: „Wenn man das Evangelium nur überzeugend genug präsentiert, wird man eine Menge Leute erreichen." – Falsch! Nur wenn ein Mensch sich von seinen Sünden abwendet und Christus im Glauben annimmt, empfängt er Vergebung. Der einzige Grund, weshalb wir überhaupt eine Chance haben, ist, dass Gott uns nachgeht. Gott denkt sich: „Diese Person ist nun so weit." Dann öffnete er dieser Person die Augen und urplötzlich hat sie es verstanden!

Warum versteht Ihr Arbeitskollege oder Ihr Nachbar es nicht? Weil Gott ihm noch nicht die Augen geöffnet hat. Die Bibel sagt uns: „Wenn aber unser Evangelium doch verdeckt ist, so ist es nur bei denen verdeckt, die verloren gehen, den Ungläubigen, bei denen der Gott dieser Welt den Sinn verblendet hat, damit sie den Lichtglanz des Evangeliums von der Herrlichkeit des Christus, der Gottes Bild ist, nicht sehen" (2. Korinther 4,4). Jesus machte ganz deutlich, warum Petrus es begriffen hatte: „Fleisch und Blut haben es dir nicht geoffenbart, sondern mein Vater, der in den Himmeln ist."

Ein solider Fels

Anschließend traf Jesus diese Kernaussage über die Gemeinde: „Aber auch ich sage dir: Du bist Petrus, und auf diesem Felsen werde ich meine Gemeinde bauen" (Matthäus 16,18).

Das ist ein deutliches Wort des Herrn Jesus Christus, aber im Lauf der Zeitalter sorgte es für eine Menge Verwirrung. Die römisch-katholische Kirche missbraucht diesen Vers seit 1500 Jahren, indem sie aus ihm ableitet, dass Petrus der erste Papst und Bischof von Rom gewesen sei, und das auch lehrt. Ich bin Pastor einer nicht konfessionell gebundenen Gemeinde, und ich habe nicht vor, irgendeine Glaubensgruppierung schlechtzumachen. Ich halte es jedoch für wichtig, dass wir Folgendes verstehen: Diese Stelle lehrt *nicht,* dass Petrus der erste Papst war oder dass mit ihm so etwas wie eine Nachfolge in der Gemeindeführung begonnen hat oder dass der Papst nur *ex cathedra* sprechen muss und wir seine Worte als gleichwertig mit der Bibel anzusehen haben. Das lehrt diese Bibelstelle nicht.

Ich möchte Ihnen drei Gründe nennen, weshalb der Gedanke, dass Petrus der erste Papst war, abzulehnen ist:

Sehen Sie sich zunächst einmal den folgenden Ausdruck an: *„Du bist Petrus, und auf diesem Felsen ...*" Dieser Satz ist im griechischen Urtext ein Wortspiel. *Petrus* heißt im Griechischen *petros*, was *„sehr* *kleiner Stein*" bedeuten kann. Das Wort, das im Urtext für *Felsen* steht, ist *petra*, ein Wort, das einen großen Felsen bezeichnet. Somit sagte Jesus im Grunde: „Petrus, du bist ein kleiner Stein, aber auf diesen massiven Felsen werde ich meine Gemeinde bauen!"

Der zweite Grund ist dieser: Die frühesten Kirchenväter, einschließlich Origenes, glaubten nicht, dass diese Stelle lehrte, dass die Gemeinde auf Petrus selbst aufgebaut würde, sondern auf *sein Bekenntnis*. Mit anderen Worten, die Gemeinde Jesu Christi würde auf der Wahrheit aufgebaut werden, die Petrus verkündet hatte.

Und der dritte Grund: Obwohl Petrus in der Apostelgeschichte als ein Leiter der frühen Gemeinde anerkannt wurde, war er mit Sicherheit nicht der einzige Leiter, sondern nur einer von den Aposteln. Außerdem lehrt Epheser 2,20, dass die Apostel für die Gemeinde grundlegend und einmalig waren. Das bedeutet, dass es Apostel nicht in jeder Generation gab, ebenso wenig wie aufeinanderfolgende Bischöfe oder Päpste. Davon sagt die Bibel nichts – an keiner Stelle.

Jesus sagte demnach: „Petrus, du bist ein kleiner Mensch, der etwas Großes gesagt hat! Ich werde meine Gemeinde auf dem aufbauen, was du gesagt hast." Und ist nicht genau das auch passiert? Die Gemeinde Jesu Christi wurde auf der Tatsache aufgebaut, dass Jesus nicht nur ein Mensch, nicht einfach ein guter moralischer Lehrer ist, sondern Christus, der Sohn des lebendigen Gottes.

Er baut seine Gemeinde

Ich möchte Sie darauf hinweisen, dass viele Menschen bei der Kontroverse um diese Stelle zwei wichtige Aussagen Jesu über die Gemeinde übersehen. Die erste ist: „Ich werde meine Gemeinde bauen." Denken Sie darüber nach. Jesus Christus sagte, er *werde* seine Gemeinde bauen. Sind das nicht großartige Nachrichten? Ich weiß nicht, was Sie in dieser Woche getan haben, aber Jesus Christus hat seine Gemeinde gebaut.

Das Wort „Gemeinde“ stammt von einem Wort, das „die Herausgerufenen“ bedeutet. – „Woraus herausgerufen?“, fragen Sie. – Aus der Welt. Es ist gerade so, als hätte Gott gesagt: „Du! Komm aus der Welt heraus! Lass deine Sünde hinter dir. Sie bringt dich nicht weiter. Komm hier rüber! Sei bei mir. Ich baue ein Reich und du kannst dazugehören.“ Wenn Sie diesen Ruf noch nicht gehört haben, können Sie ihn heute hören. Lassen Sie sich mit Gott versöhnen und tun Sie im Glauben Buße.

Möglicherweise sagen Sie jetzt: „Wir glauben nicht wirklich an den Sinn von Gemeinde. Meine Frau und ich, wir finden *Jesus* gut, aber die Gemeinde brauchen wir echt nicht. Wir lieben Jesus, aber die Gemeinde lassen wir lieber Gemeinde sein!“ Haben Sie Aussagen wie diese schon mal gehört? Ich höre sie immer wieder, und ich möchte dann jedes Mal sagen: „Wenn Sie Jesus wirklich lieben, sollten Sie auch in die Gemeinde gehen, denn dort finden Sie ihn mit Sicherheit.“ Epheser 5,25 sagt, dass Christus „die Gemeinde geliebt und sich selbst für sie hingegeben hat.“ Christus liebt die Gemeinde. Wenn Sie Christus lieben, müssen Sie auch seine Gemeinde lieben, da Sie in dieser Welt alles für ihn ist.

Vielleicht sagen Sie: „Wir haben schlechte Erfahrungen gemacht. Früher sind wir einmal in eine Gemeinde gegangen, aber jetzt nicht mehr. Wir haben uns früher engagiert, aber heute sind wir nur noch unbeteiligte Zuhörer.“

Haben Sie im Restaurant schon einmal ein schlechtes Essen vorgesetzt bekommen? Vielleicht haben Sie anschließend gesagt: „Ich kann nicht glauben, dass wir dafür auch noch Geld bezahlt haben! Das war Hundefutter!“ Oder haben Sie sich schon einmal in einem Geschäft etwas andrehen lassen, und später dachten Sie: *Mann, der hat mich ganz schön übers Ohr gehauen!* Ist Ihnen das schon mal passiert? Natürlich! Aber Sie gehen noch immer in Restaurants, oder? – „Aber nicht mehr in dieses!“ Kaufen Sie noch immer in Geschäften ein? – „Ja, aber von *dieser* Person würde ich nichts mehr kaufen!"

So sehe ich die Sache mit der Gemeinde Jesu Christi. Ich werde mich nicht davon abhalten lassen, zu ihr dazuzugehören, nur weil ich einmal verletzt oder gekränkt wurde. Ich werde das Kind nicht mit dem Bade ausschütten.

Jesus ist für die Gemeinde. Ja, zu ihr gehören sündige Menschen, und es geht nicht immer alles glatt, aber ich glaube an den Sinn der Gemeinde, weil Jesus verheißen hat: „Ich werde meine Gemeinde bauen."

Wir werden siegen!

Hier nun die zweite wichtige Aussage aus Matthäus 16,18: „... des Hades Pforten werden sie nicht überwältigen." Dieser Satz gefällt mir! Wir werden siegen! Als ich noch ein Kind war, spielte ich mit meinen Freunden gerne in der Mittagspause Football – im Frühling, im Winter, im Herbst, einfach jeden Tag. Etwa in der dritten Klasse erkannte ich, dass es wesentlich mehr Spaß machte, zur Gewinnermannschaft zu gehören als zu den Verlierern. Ich stellte Mannschaften und Spielpläne auf, machte ein paar Kopien davon und trommelte die Jungs zusammen. Von ihnen hatte niemand einen besseren Vorschlag, und so stimmten sie den Teams zu, die ich aufgestellt hatte. Na, was meinen Sie, wie gut war mein Team? Sie können mir glauben, ich war in der Gewinnermannschaft! Würden Sie die Dinge anders arrangieren, wenn es an Ihnen wäre, darüber zu entscheiden?

Ich glaube, wir alle wollen auf der „richtigen Seite" stehen: auf der Gewinnerseite. So wie die Gemeinde Jesu Christi. Der Herr sagte: „Die Pforten des Hades werden meine Gemeinde nicht besiegen." Wenn Sie eines Tages im Himmel sind, möchten Sie sicher sagen können: „Ich bin im Gewinnerteam! Ich habe meine ganze

Kraft und Energie in Dinge gesteckt, von denen Jesus sagte, dass sie erfolgreich sein würden." Wenn Sie wollen, dass auch Ihre Familie gewinnt, dann bringen Sie sie in die Gemeinde Jesu Christi, denn sie wird siegen. Das hat Jesus verheißen.

Deshalb glaube ich an den Sinn der Gemeinde. Ich rede nicht von liberalen Gemeinden. Nicht von Gemeinden, die sich von der Bibel entfernen, nicht von Sekten und auch nicht von der Einrichtung von Denominationen. Ich glaube von ganzem Herzen an den Sinn der Gemeinde Jesu Christi. Ich glaube an die bluterkaufte, wiedergeborene, mit dem Heiligen Geist erfüllte Schar der Erlösten, und ich bin sehr dankbar, dass meine Familie unter diesem schützenden Schirm zusammenwächst. Und was ist mit Ihrer Familie?

Die Gemeinde Jesu Christi bietet eine starke Hilfe für Ihre Familie – Wahrheit und Beziehungen, Gemeinschaft, Unterstützung und Verantwortlichkeit. Wenn Sie Ihre Familie mitten in diese Gemeinde hineinführen, sind Ihre Chancen auf eine gesunde Familie, die Gott Ehre macht, viel größer.

Es muss damit anfangen, dass Sie an die Gemeinde glauben. Tun Sie das? Wenn ja, müssen Sie den nächsten Rat befolgen, um Ihrer Familie all das Gute zukommen zu lassen, das die Gemeinde zu geben hat.

Ordnen Sie sich der Gemeinde unter

Das ist der zweite Schritt, durch den Sie sich die Segnungen der Gemeinde für Ihre Familie zunutze machen können. Sie müssen sich der Gemeinde unterordnen. Ich schätze, ich weiß, was Sie jetzt denken: *James, du schießt echt übers Ziel hinaus. Bis hierher konnte ich dir ja folgen, aber musst du dieses hässliche Wort benutzen – „unterordnen"? Das schaffe ich ja zu Hause kaum und jetzt soll ich es auch noch in der Gemeinde tun?* Doch was sagt die Schrift?

„Gehorcht und fügt euch euren Führern! Denn sie wachen über eure Seelen, als solche, die Rechenschaft geben werden, damit sie dies mit Freuden tun und nicht mit Seufzen; denn dies wäre nicht nützlich für euch“ (Hebräer 13,17).

Unsere Gesellschaft setzt Autorität mit böser, missbräuchlicher und unsensibler Arroganz gleich, aber so sollten die Leiter in der Gemeinde Gottes nicht sein. 1. Petrus 5 und Titus 1 lehren, wie Gemeindeleiter – die biblischen Begriffe sind „Älteste“ oder „Hirten“ – sein sollten: liebevolle Hüter, Vorbilder der Herde und Diener. Sie sollten sensibel, gottesfürchtig und beherrscht sein. Die Bibel lehrt, dass Sie und Ihre Familie solche Leiter in der Gemeinde vorfinden und sich in ihre Obhut begeben sollten.

Seien Sie gehorsam, solange es keine Sünde ist

Sie sagen: „Aber ich kann mich den Leitern nicht unterordnen, wenn ich nicht ihrer Meinung bin.“ – Doch, das können Sie. Solange sie Sie nicht auffordern, zu sündigen oder etwas zu tun, das den Herrn entehren würde, sollten Sie das tun, was sie vorgeben. Wenn einer Ihrer Gemeindeleiter Sie tatsächlich zur Sünde verführen will, suchen Sie sich eine neue Gemeinde. Die Apostel machten das sehr deutlich: „Man muss Gott mehr gehorchen als Menschen“ (Apostelgeschichte 5,29). Doch bis es so weit kommt, sollten Sie sich unterordnen. Gott wird das honorieren, auch wenn Sie es sich momentan nicht vorstellen können.

Ich möchte etwas klarstellen. Wenn die Schrift Sie auffordert, Ihren Leitern gehorsam zu sein und sich ihnen unterzuordnen, meint sie damit *nicht,* dass Sie sich zu ihrem Fußabtreter machen sollen. Vielmehr spricht sie davon, dass Sie den Dingen gehorchen, die sie lehren, und sich den Maßnahmen im christlichen Dienst anschließen, die sie in der Gemeinde einführen wollen. Überlegen Sie mal, wie viele Stunden Sie in Ihrer Gemeinde unter der Belehrung des Wortes Gottes verbracht haben oder wie viele Stunden mit dem

Lesen von christlichen Büchern wie diesem, die Ihnen das Wort Gottes erklären und Sie aufrufen, Ihr Leben danach auszurichten. Die entscheidende Frage ist: Was haben Sie aus dem gemacht, was Sie gehört haben? Wenn die Wahrheit gelehrt wird, können Sie nicht einfach dasitzen und sagen: „Oh, das ist aber schön. Wieder etwas, das ich verstanden habe." Nein, Sie müssen dem gehorsam sein; Sie müssen die Dinge *tun*, die Sie gelehrt bekommen – nicht weil eine menschliche Autorität es will, sondern weil Gott Ihren Gemeindeleitern Autorität verliehen hat. Überprüfen Sie die Schrift selbst, und wenn das, was Ihre Leiter sagen, im Wort Gottes steht, tun Sie es.

Machen Sie es Ihren Leitern leicht

Warum sollen Sie Ihren Leitern gehorchen und sich Ihnen unterordnen? Die Bibel sagt: „Denn sie wachen über eure Seelen" (Hebräer 13,17). Ist es nicht wunderbar, wenn jemand über Ihre Seele wacht? Denken Sie einen Moment lang an die Last, die Sie allein schon durch die Verantwortung für Ihre Familie empfinden. Jetzt stellen Sie sich einmal vor, welche Last Sie spüren würden, wenn Sie nicht nur für die – sagen wir fünf – Personen in Ihrer Familie, sondern für fünfzig Menschen verantwortlich wären! Oder denken Sie an die Verantwortung, die bei fünfhundert Personen auf Ihnen lasten würde! Oder stellen Sie sich vor, Sie wären wie ich dafür verantwortlich, über die Seelen von fünftausend Menschen zu wachen! Ich kann Ihnen sagen: Die Last ist riesig. Deshalb ermahnt uns das Wort Gottes, es denen leichtzumachen, die über unser geistliches Wohl wachen sollen.

Gemeindeleiter, die ihre Aufgabe ernst nehmen, tragen eine gewaltige Last, und Sie können ihnen dabei helfen, indem Sie die Dinge, die sie Sie lehren, mit einem bereitwilligen und gehorsamen Herzen aufnehmen und tun.

Der Grund, weshalb Gemeindeleiter ihre Aufgaben gewissenhaft tun sollen, ist, dass sie einmal „Rechenschaft geben" müssen.

Das macht die Sache für mich besonders schwer – dass ich eines Tages vor Gott stehen werde und nicht nur über mein eigenes Leben Rechenschaft ablegen muss, sondern auch über das jeder einzelnen Person, die zu unserer Gemeinde gehört hat. Gott wird mich und unsere Gemeindeältesten zu jedem „Schaf“ der Herde fragen: „Hast du diese Person die Wahrheit gelehrt? Hast du sie aufgefordert, das Richtige zu tun? Hast du sie herausgefordert, nach dem Wort Gottes zu leben und ihre Familien auf den Fels zu bauen? Oder hast du ihr sonntagmorgens nur eine Lektion im Grinsen erteilt?

TEB-Christen

Das ist die Last der Gemeindeleiter und nun kommt der schwere Teil für Sie und Ihre Familie ...

„Sorgt also dafür, dass sie ihre Aufgabe mit Freude tun können anstatt mit Seufzen und Stöhnen, denn das wäre sicher nicht gut für euch“ (Hebräer 13,17; NeÜ). Der Gedanke ist sehr klar: Machen Sie es den Gemeindeleitern leicht, Ihnen mit Freuden voranzugehen. In unserer Gemeinde nennen wir die Personen, die es den Gemeindeleitern leichtmachen, die Leitung zu übernehmen, TEB-Christen. Sie sind *treu*, *engagiert* und *belehrbar*. Solche Menschen zu führen ist eine Freude. „Treu“ heißt: Sie sind jede Woche am selben Ort. „Engagiert“ bedeutet, sie haben eine Einstellung, die sie sagen lässt: „Du kannst mich jederzeit anrufen. Wenn es sein muss, werde ich meine eigenen Pläne fallen lassen, denn es ist mir wichtiger, Gott zu dienen.“ Und „belehrbar“ heißt, sie haben eine Haltung, die sagt: „Danke, dass du mich auf meinen Fehler hingewiesen hast. Ich werde daran arbeiten.“ Belehrbare Menschen sind demütig genug, sodass nicht jede Korrektur zu einem Ringkampf ausartet. TEB-Christen sind eine Freude für das Herz eines jeden Gemeindeleiters.

Im Gegensatz dazu gibt es Menschen, die man alles andere als gerne leitet; sie geben einem vielmehr Anlass, sich zu ärgern. Sie haben eine kritische, negative, nörglerische, klagende und unbelehrbare Haltung – sind also das genaue Gegenteil von TEB-Christen. Wer verliert dabei, wenn Sie sich so verhalten? Etwa der Gemeindeleiter? Nein, *Sie* verlieren! Im letzten Abschnitt von Hebräer 13,17 heißt es: „... denn das wäre sicher nicht gut für euch."

Denken Sie einen Augenblick darüber nach. Wer bekommt die größere Zuwendung? Die TEB-Christen oder die Christen, die Ärger machen? Irgendwann wird der Gemeindeleiter (wie Jesus) sagen: „Ich investiere meine Energie lieber in die treuen, engagierten und belehrbaren Christen. Schließlich steht mir nur eine bestimmte Anzahl an Stunden in der Woche zur Verfügung und ich möchte das Maximum aus ihnen herausholen." Gemeindezugehörige, die man gerne leitet, haben viel mehr von dem, was Christus ihnen durch ihre Gemeinde zukommen lassen will.

Die Gemeinde – ein großartiger Notfallplan

Sie fragen jetzt vielleicht: „Was hat das mit meiner Familie zu tun?" Hier ist die Antwort: Wenn die Autoritätsstruktur in der Familie versagt, ist die Gemeinde da, um sie zu unterstützen. Meine Frau Kathy und ich haben vor einigen Jahren ein neues Haus gebaut. Seitdem hatte ich den Gedanken: *Für den Fall, dass die Hauptpumpe ausfällt, brauche ich unbedingt noch eine Hilfspumpe.* Jedes Mal, wenn es stark regnete, ärgerte ich mich, dass ich noch keine gekauft hatte. Aber wir hatten es bisher ohne Probleme geschafft, und ich sagte mir die ganze Zeit: *Ich werde noch eine Hilfspumpe besorgen.* Schließlich kaufte ich tatsächlich eine – gerade noch rechtzeitig, bevor sintflutartige Regenfälle einsetzten. Ich ging in den Keller runter und, ja, die Hilfspumpe funktionierte! Ich war sehr erleichtert. Die Hauptpumpe schaltete sich ab, sobald der Strom ausfiel, dafür setzte die batteriebetriebene Hilfspumpe ein. Ich hatte keine Probleme mit einem vollgelaufenen Keller wie so viele meiner Nachbarn.

Manchmal brauchen wir so etwas auch in unserer Familie. Hin und wieder versagt dort die Autoritätsstruktur. Wie sieht dann Ihr Notfallplan aus?

Wenn Sie fest in der Gemeinde verankert sind, wird Ihnen die Autoritätsstruktur der Gemeinde zuhilfe kommen, falls Ihre eigene einmal nicht greift. Und machen Sie sich nichts vor, das *wird* hin und wieder passieren. Alles läuft großartig, bis der Vater auf einmal meint, mit einer anderen Frau würde er glücklicher. Was machen Sie da? Der Vater klinkt sich aus der Familie aus und es kommt zu einem gewaltigen Streit. Oder was machen Sie, wenn Ihr Sohn oder Ihre Tochter aus der Reihe tanzt und Sie nicht fest in der Gemeinde verwurzelt sind? Wer unterstützt Sie, wenn Sie ein ernstes finanzielles Problem haben oder einen Konflikt in der Familie, der nicht so einfach zu lösen ist? Wenn ich die letzten dreizehn Jahre in unserer Gemeinde Revue passieren lasse, fallen mir unzählige Situationen ein, in denen die Gemeinde krisengeschüttelten Familien wieder auf die Beine half.

Ich werde zum Beispiel nie vergessen, wie ein Ehepaar aus unserer Gemeinde vor ein paar Jahren zu mir kam. Sie hatten große Probleme mit ihrem zehn- oder elfjährigen Sohn. Er rebellierte und hörte absolut nicht auf seine Eltern. Sie meinten: „Wir wissen einfach nicht mehr, wie wir mit ihm umgehen sollen! Kannst du uns helfen?" Ich sagte zu ihnen: „Bringt ihn zu mir und ich werde mit ihm reden." Das taten sie dann auch. Da kam dieser kleine Junge in mein Büro spaziert und ich forderte ihn mit ernster Stimme auf: „Setzt dich auf diesen Stuhl, und erzähle mir, was bei dir zu Hause los ist."

„Tja, ich will nur, ich will nur, ich will nicht –"

„Ich werde dir mal was sagen ..." Ich wurde richtig ernst und rückte ihm den Kopf zurecht. Das hatte er so wohl noch nie erlebt. Ich brachte diesem Jungen die Furcht Gottes bei. „Die Furcht des HERRN ist der Weisheit Anfang" (Psalm 111,10). Doch bevor er ging, rief ich ihn zu mir und setzte ihn auf meinen Schoß. Ich schaute ihm in die Augen und sagte ihm, wie sehr wir ihn liebten und warum es so wichtig war, dass er sich anders verhielt. Dann betete ich unter Tränen zum Herrn und bat ihn, das Herz des Jungen zu verändern – und Gott erhörte meine Gebete. Gott sei Dank, dass damals alles so kam, denn heute lebt dieser junge Mann mit dem Herrn. Sein ganzes Leben nahm einen anderen Verlauf, weil die Autoritätsstruktur seiner Gemeinde den Autoritätsverlust in seiner Familie ausglich.

Fühlen Sie sich zuweilen unter Druck?

Es kann schon manchmal schwierig sein, wenn sich Menschen auf diese Weise in Ihr Leben einmischen. Ich erinnere mich noch, als Luke etwa drei oder vier Jahre alt war. Er war hingefallen und hatte Schürfwunden im Gesicht und nach ein paar Tagen bekam er auch noch ein blaues Auge. In unserer Gemeinde gab es zu dieser Zeit zwei Damen, die sehr schwierig waren – sie waren immer missmutig, wenn Sie wissen, was ich meine. Sie kamen ständig bei allen möglichen Dingen zu seltsamen Schlussfolgerungen, und ich fürchtete, sie würden auch aus dem Zustand von Lukes Auge falsche Rückschlüsse ziehen. Daher nahm ich meinen Sohn beiseite, bevor wir in die Gemeinde gingen, und sagte zu ihm: „Luke, wenn diese Damen zu dir kommen und dich nach deinem Auge fragen, dann sag ihnen, was wirklich passiert ist, und lass dich nicht nervös machen."

Wir gingen noch einmal die Einzelheiten durch, bis ich mir sicher war, dass er es verstanden hatte. Ich sagte: „Sei einfach offen und ehrlich. Werde nicht ärgerlich und benimm dich nicht daneben." Luke antwortete: „Okay, Dad, ich hab's verstanden."

Als wir aus der Gemeinde kamen, standen natürlich diese beiden Damen parat. Sie kamen auf uns zu und riefen: „Luke! Was ist mit deinem Auge passiert?" Luke erstarrte. Er blieb auf der Stelle stehen und sagte kein Wort. Ich drückte seine Hand, um ihm den

Rücken zu stärken. Dann blickte er mich an und fragte: „Was war es noch, was ich sagen sollte, Dad?"

Können Sie das glauben? Das war einer dieser hochpeinlichen Augenblicke. Wie dem auch sei, vor langer Zeit führte der Herr diese beiden Damen in eine andere Gemeinde, wo sie einem anderen Pastor das Leben schwermachen können.

Vielleicht haben Sie ein paar negative Erfahrungen in der Gemeinde gemacht und sind der Ansicht, Ihre Familie sei besser dran, wenn sie keine Rechenschaft ablegen müsste, wenn es da keine Menschen gäbe, die sich für alles rund um Ihre Familie interessieren. Wenn Sie das meinen, liegen Sie falsch. Trotz der Schwierigkeiten, die wir als Familie in der Gemeinde gelegentlich bekommen, geht es uns viel besser als ohne all die guten Dinge, die wir von der Gemeinde empfangen. Und ich bin dankbar zu wissen, dass unsere Gemeinde da wäre, um uns zu unterstützen und dafür zu sorgen, dass der Wille Gottes in unserem Haus Priorität hat, wenn wir als Familie mal so richtig in Schwierigkeiten kämen.

Mit alldem will ich sagen: In der Gemeinde läuft nicht immer alles glatt. Aber zu 95 Prozent ist sie ein unglaublich großer Segen und eine wunderbare Hilfe. Sie bringt uns große Freude; wir müssen ihr Rechenschaft abgeben und sie schenkt uns Gemeinschaft mit anderen Gläubigen. Ich bitte Sie, Ihre Familie in die Gemeinde hineinzuführen. Glauben Sie an den Sinn Gemeinde, ordnen Sie sich ihr unter und ...

Nehmen Sie am Gemeindeleben teil

Das ist der dritte und vielleicht wichtigste Punkt, wenn es darum geht, den Nutzen der Gemeinde zu erfahren. Nachdem die Reichtümer Christi aufgeführt wurden, heißt es in Hebräer 10,19: „Da wir nun, Brüder, durch das Blut Jesu Freimütigkeit haben zum

Eintritt in das Heiligtum ..." Das Heiligtum ist der Ort, an dem Gott wohnt. Aufgrund des Sühnewerkes Christi am Kreuz können wir nun zu ihm kommen.

Der Schreiber sagt weiter: „Durch das Blut Jesu (haben wir) Freimütigkeit ... zum Eintritt in das Heiligtum, den er uns eröffnet hat als einen neuen und lebendigen Weg durch den Vorhang – das ist durch sein Fleisch" (Vers 19–20). Zur Zeit des Alten Testaments trennte ein Vorhang die Menschen von der Gegenwart Gottes. Als Christus starb, wurde der Vorhang im Tempel entzweigerissen. Doch heute gibt es einen neuen Vorhang: Christus selbst. Er ist der Weg zum Inneren, aber er ist auch derjenige, der Menschen, die nicht durch ihn hineingehen, vom Himmel fernhält. Und wir haben „einen großen Priester über das Haus Gottes" (Vers 21) – da wir in Christus einen Priester haben, sollen wir drei Dinge tun:

Treten Sie vor Gott

Als Erstes sollten wir vor Gott treten: „So lasst uns hinzutreten mit wahrhaftigem Herzen in voller Gewissheit des Glaubens, die Herzen besprengt und damit gereinigt vom bösen Gewissen und den Leib gewaschen mit reinem Wasser" (Vers 22). Diese Aussage bezieht sich auf die Anbetung, auf die Momente, in denen wir vor Gott treten. Mit anderen Worten: Zwischen Ihnen und Gott steht kein Hindernis. Sie sind reingewaschen worden. Ist das nicht großartig? Vielleicht denken Sie: *Aber ich fühle mich gar nicht rein.* Deshalb hat der Verfasser auch geschrieben „in voller Gewissheit des Glaubens". Ganz gleich, wie Sie sich fühlen, Sie *sind* rein! Gott liebt Sie und er hat Ihnen seine Gnade geschenkt. Nichts sollte Sie daran hindern, ihn anzubeten. Es spielt keine Rolle, wo Sie stehen, Sie sollten im Hinblick auf Anbetung Fortschritte machen. Ihre Fähigkeit, Gott Anbetung zu bringen, sollte immer mehr zunehmen.

Biblische Gemeinden haben eine wöchentliche Anbetungszeit, in der die Gläubigen zusammenkommen, um sich Gott zu nahen.

Eine gemeinsame wöchentliche Begegnung mit Gott ist für den geistlichen Zustand Ihrer Familie förderlicher als alles andere. Hier ein paar Tipps, wie Sie das Beste aus der wöchentlichen Anbetungszeit Ihrer Familie herausholen können:

1. *Kommen Sie als Familie zusammen.* Jemand hat einmal gesagt: „Familien, die miteinander beten, bleiben auch zusammen." Dem stimme ich zu, und das Gebet ist nur eine Form der Anbetung, die Sie in einer guten Gemeinde vorfinden sollten. Machen Sie sich zusammen bereit für die Gemeinde, fahren Sie gemeinsam hin, sitzen Sie zusammen, verlassen Sie die Gemeinde zusammen und sprechen Sie miteinander darüber, was der Herr anschließend in ihren Herzen bewirkt hat.

2. *Kommen Sie regelmäßig.* Wie oft gehen Sie in die Gemeinde? An zwei von drei Sonntagen? An drei von vier Sonntagen? Kommen Sie jede Woche! – „Aber meine Schwiegermutter ist zu Besuch." – Nehmen Sie sie mit! – „Sie will nicht mitkommen." – Dann lassen Sie sie zu Hause und kommen Sie ohne sie! Gehen Sie regelmäßig in die Gemeinde.

3. *Kommen Sie frühzeitig.* In unserer Gemeinde sieht es immer so aus, als würde zwei Minuten vor Gemeindebeginn eine Herde Büffel ins Gebäude stürmen. Das führt dazu, dass an der Tür jedes Mal ein Stau entsteht, wenn die Leute sich beeilen und sich gegenseitig mit ihrer Hektik anstecken. „Heute habe ich nur drei Leute auf dem Parkplatz angeblafft. Jetzt bin ich bereit für die Anbetung!" – Nein, sind Sie nicht! Kommen Sie frühzeitig.

4. *Kommen Sie vorbereitet.* Ich möchte Ihnen, liebe Eltern, den Rat geben, vor dem Gemeindebesuch mit Ihrer Familie zu

beten. Lesen Sie etwas aus der Schrift vor. Halten Sie inne und sagen Sie: „Wir machen uns auf den Weg, um Gott anzubeten; lasst uns unsere Herzen vorbereiten." Fangen Sie mit Psalm 100 an und lesen Sie jede Woche einen Psalm. Beten Sie dafür, dass die Anbetungszeit Ihrer Familie wichtig wird.

Viele Eltern machen sich nicht bewusst, dass ihre Kinder sie während der Anbetung beobachten. Wenn Ihre Kinder zehn Jahre oder älter sind, würde ich auf Nachfrage sicherlich eine präzise Ausführung darüber bekommen, wie aufrichtig Sie Gott lieben. Ein großer Teil ihrer Einschätzung beruht auf ihren Beobachtungen. Ihre Kinder sitzen direkt neben Ihnen. Das ist Werbung für Gott! Sind Sie von Gott und der Wahrheit, die Sie in ihm finden, begeistert, und beten Sie in Geist und in Wahrheit an, oder sind Sie abwesend, teilnahmslos und kritisch? In beiden Fällen senden Sie nonverbale Signale an Ihre Kinder.

Sie wollen am Gemeindeleben teilnehmen? Sie wollen Ihre Familie in die Gemeinde führen? Beten Sie Christus an. Nahen Sie sich ihm in der vollen Gewissheit des Glaubens.

Halten Sie entschlossen fest

Zweitens sollten wir entschlossen festhalten: „Lasst uns das Bekenntnis der Hoffnung unwandelbar festhalten – denn treu ist er, der die Verheißung gegeben hat" (Vers 23). Wankt Ihr Glauben manchmal? Bei mir ist das gelegentlich so. Ich gebe es zu. Und *wie* sollen wir das Bekenntnis der Hoffnung entschlossen festhalten? Beachten Sie den Ausdruck: „Lasst uns". Das heißt, wir sollen es *zusammen* tun. Alleine schaffen wir es nicht.

Weiter heißt es: „... lasst uns aufeinander achthaben, um uns zur Liebe und zu guten Werken anzureizen" (Vers 24). Liebe und gute Werke – eine gute Zusammenfassung des größten Gebots aus Matthäus 22,37–39: „Du sollst den Herrn, deinen Gott, lieben mit deinem ganzen Herzen ... [und] du sollst deinen Nächsten lieben wie dich selbst."

Haben Sie schon einmal versucht, ein Feuer, dessen Glut langsam schwächer wurde, wieder anzufachen, indem sie hineingepustet haben? Väter zeigen auf diese Weise gerne, wie stark ihre Lungen sind. Sie pusten fest in die Glut und plötzlich sticht eine neue Flamme hoch. Genau das sollten wir im Leib Christi füreinander tun. Manchmal legen Sünde, Zweifel oder das Leben selbst eine dicke Rußschicht auf unser Leben, die es schwermacht, uns Gott zu nahen. Dann brauchen wir dringend einen liebevollen Bruder oder eine liebevolle Schwester, der beziehungsweise die den Ruß wegpustet. Das ist der Gedanke, der hinter dem Wort „anreizen" steckt. Wir sollen die Flamme der Liebe und der guten Werke im Leben der anderen anfachen. In der Gemeinde reizen wir uns gegenseitig zu einer größeren Hingabe an Gott an.

In unserer Gemeinde geschieht das in Kleingruppen – dort treffen sich Menschen zum Bibelstudium, zum Gebet und zur Ermutigung. In Ihrer Gemeinde gibt es dafür vielleicht andere Kreise, aber nicht die Form, sondern die Funktion ist entscheidend. Jeder Mann braucht Brüder, die ihn darin unterstützen, seiner Rolle in der Familie gerecht zu werden. Und jede Frau braucht Schwestern im Herrn, die ihr helfen, eine Frau zu werden, die ihre Ehe im Herrn festigt. Haben Sie solche Menschen in Ihrem Leben? Die Gemeinde ist der Ort, an dem Sie sie finden.

Ich spreche oft mit Gläubigen, die sich fragen: „Warum hat es den Anschein, als wäre ich permanent auf der Verliererseite? Andere wachsen geistlich so schnell, während ich nur so vor mich hin schleiche." Ich will es Ihnen sagen: Ein Wochenende, an dem Sie Gott anbeten, reicht nicht aus. Sie brauchen die Gemeinschaft mit Nachfolgern Jesu Christi; Gläubige müssen zusammenkommen, sich gegenseitig Mut machen und sich ermahnen. Wenn Sie das regelmäßig tun, wird Ihre Familie einen überreichen und unmittelbaren Segen empfangen.

Nicht versäumen, sondern ermuntern

Als Drittes sollen wir uns ermutigen, wenn wir zusammenkommen: „Deshalb ist es wichtig, unsere Zusammenkünfte nicht zu versäumen, wie es sich leider einige schon angewöhnt haben. Wir müssen uns doch gegenseitig ermutigen" (Hebräer 10,25; NeÜ). Die Gemeinde Jesu Christi ist nicht wie ein Kaufhaus, in das Sie gehen, um zu kaufen, was Sie brauchen, und anschließend wieder nach Hause zu gehen. Vielmehr sollen Sie teilhaben an dem, was *alle* brauchen. Es ist eine Gemeinschaft von Familien, die zusammenarbeiten, sodass die Gemeinde so wird, wie Gott sie haben will. Wenn Sie schließlich an den Punkt kommen, auch zu geben, statt nur zu nehmen, wird Ihr Glaube aufblühen und wachsen. Wenn Sie die Verantwortung übernehmen, andere in der Gemeinde zu ermutigen, wird Gott Ihre eigene Familie segnen.

In unserer Gemeinde spreche ich nach jedem Gottesdienst zwanzig oder dreißig Minuten lang mit den Leuten. Häufig kommen Menschen zu mir, die sich über ihre alte oder auch über unsere Gemeinde beklagen. Ich habe festgestellt, dass neun von zehn Leuten, die mit ihrer Gemeinde unzufrieden sind, gar nicht am Gemeindeleben teilnehmen. Sie gehen nicht regelmäßig zu den Anbetungszeiten, sie pflegen keine tiefer gehenden Beziehungen zu anderen und sie haben sich nie richtig in ihrer Gemeinde engagiert. Wenn Ihre Gemeinde sich an dem Wort Gottes orientiert und dieses lehrt, garantiere ich Ihnen, dass Ihre Familie viel mehr davon hat, wenn sie sich ins Gemeindeleben einbringt.

Beachten Sie das Ende von Vers 25: „... und das umso mehr, je näher ihr den Tag heranrücken seht, an dem der Herr kommt" (NeÜ). Dahinter steckt der Gedanke, dass man nicht weiß, wie oft man noch zur Gemeinde gehen kann. Womöglich denken Sie: *Du willst mir wohl Druck machen, dass ich Christus anbete und mit ihm lebe und ihm diene.* Ja, und das mache ich von Herzen, denn sonst würde es Ihnen nichts bringen. Nichts würde mir mehr Freude machen, als zu wissen, dass Sie sich dieses Kapitel zu Herzen nehmen und sich wieder am Gemeindeleben beteiligen. Gottes Wort spricht von unabhängigen Ortsgemeinden, die sich selbst verwalten, aber es lehrt nicht die Autonomie des einzelnen Gläubigen.

Wenn Sie versucht haben, es alleine zu schaffen, bitte ich Sie inständig im Namen Jesu, zu Ihrer Gemeinde zurückzukehren. Dort gehören Sie hin. Dort wird Ihre Familie im Herrn wachsen und gedeihen. Worauf warten Sie noch?

Ein Gebet, das Sie nach oben zieht

Danke, Herr, dass du die Gemeinde liebst und dass du dich selbst für sie hingegeben hast. Vergib mir, dass ich so enttäuscht bin von dem, was du so liebst. Vergib mir, dass ich nicht den Platz in deiner Gemeinde einnehme, den ich innehaben sollte. Ich danke dir für meine Ortsgemeinde, durch die du unter anderem in der ganzen Welt wirkst. Sie ist ein Bild des Leibes Christi. Danke für die Menschen und Gaben dort.

Hilf mir, Herr, die Gemeinde als Hilfe zu sehen, die du meiner Familie gegeben hast – damit ich der Rolle als Vater/Mutter besser gerecht werde, meine Ehe festige und verantwortliche Beziehungen eingehe, in denen ich mich zu den Dingen verpflichte, von denen ich weiß, dass sie richtig sind. Hilf mir bitte, mich mehr an gemeindlichen Dingen zu beteiligen. Wir sind deine Braut. Wir sind lebendige Steine. Wir sind ein königliches Priestertum. Herr, baue deine Gemeinde durch mich und meine Familie und verherrliche dich selbst dadurch.

Das bete ich im starken und kostbaren Namen Jesu. Amen.

Überlegungen, die tiefer gehen

Zwei sehr gute neutestamentliche Darstellungen der Gemeinde finden sich in Apostelgeschichte 2,42–47 und 1. Korinther 12,12–27. Lesen Sie diese Stellen und denken Sie darüber nach. Halten Sie Ihre Gedanken und Eindrücke am besten schriftlich fest. Wie schneidet Ihre Gemeinde im Vergleich mit diesen Bildern ab? Reicht Ihr Engagement in der Gemeinde an das heran, was in diesen Texten beschrieben wird? Was könnten Sie tun, um der Beschreibung dieser Abschnitte näher zu kommen?

Anregungen zur Umsetzung

Vergessen Sie nicht: Es reicht nicht aus, das Wort Gottes zu hören oder darüber nachzudenken – wir müssen danach *handeln!* Überlegen Sie sich anhand Ihrer vorangegangenen Gedanken mindestens einen Handlungsschritt – und dann gehen Sie ihn an. Machen Sie deutlich, dass Sie an den Sinn der Gemeinde glauben, dass Sie sich ihr unterordnen und am Gemeindeleben teilnehmen wollen. Zum Beispiel indem Sie sich einer Kleingruppe anschließen. Sie könnten auch eine Aufgabe übernehmen, zum Beispiel die Begrüßung der Besucher vor dem Gottesdienst. Oder Sie beteiligen sich an der Jugendarbeit. Oder Sie beten regelmäßig und konkret für Ihre Gemeindeleiter.

Was auch immer Sie tun, tun Sie es mit Ihrer ganzen Kraft (s. Kolosser 3,23).

Kapitel 7 // Wort 6: Hingabe

Großartig, Sie haben bis hierher durchgehalten! Die meisten Leser schaffen es nicht so weit, nicht einmal bei den besten Büchern. Wenn Sie beenden, was Sie begonnen haben, zeigen Sie, dass Sie etwas von der Eigenschaft haben, um die es in diesem Kapitel geht – eine Eigenschaft, die nur sehr wenige Familien heutzutage zu besitzen scheinen. Ich rede von Hingabe. Durch diese Eigenschaft wird Gott Ihre Familie segnen und verändern.

In Josua 24 führte Josua die Kinder Israels direkt an die Grenze zum verheißenen Land. Das Volk dachte in etwa: *Sollen wir hineingehen oder nicht? Werden wir die Segnungen Gottes empfangen oder nicht?* Josua legte die Karten offen auf den Tisch: „So fürchtet nun den HERRN und dient ihm in Aufrichtigkeit und Treue! Und tut die Götter weg, denen eure Väter jenseits des Stroms und in Ägypten gedient haben, ... erwählt euch heute, wem ihr dienen wollt. ... Ich aber und mein Haus, wir wollen dem HERRN dienen!" (Verse 14–15). Kein Vielleicht, kein Herumgerede, kein Hin-und-Herschwanken. Eine klare Entscheidung, eine Positionierung, Verpflichtung.

Unsere Wahrnehmung entspricht nicht immer der Realität. Vielleicht sehen Sie, dass einige Familien glücklich und harmonisch sind, aber der Grund, weshalb diese Familien „funktionieren", mag ein ganz anderer sein, als Sie meinen. Neulich machte mir ein Mann diesen Punkt ganz deutlich. Er sagte: „James, du bist ein Pastor, du kennst die Bibel sicherlich sehr gut." Ich erwiderte: „Ja, ich habe viel Zeit damit verbracht, das Wort Gottes zu studieren." Daraufhin fragte er mich schnell: „Wie viele Tiere jeder Art führte Mose in die Arche?" – „Jeweils zwei", gab ich zurück. Der Mann antwortete: „Mose führte *gar keine* Tiere in die Arche! Das war Noah." Ich dachte: *Unglaublich, ich bin darauf reingefallen! Die Leute in meiner Gemeinde würden sich schämen.*

Er sagte: „Ich gebe dir noch eine Chance, James. Du musst dich aber gut konzentrieren, okay? Buchstabiere das Wort ‚Knilch'." Ich rechnete damit, wieder hereingelegt zu werden und sagte deshalb sehr zögerlich: „K ... N ... I ... L ... C ... H." Kaum hatte ich das „H" ausgesprochen, fragte er: „Was trinken Kühe?", woraufhin ich antwortete: „Milch!" – „Nein, sie *produzieren* Milch. Aber sie trinken sie nicht!" Ich konnte es nicht fassen, er hatte mich schon wieder drangekriegt. So leicht lässt sich unsere Wahrnehmung durcheinanderbringen.

Oft meinen wir, dass das, was wir in Familien sehen, was wir für den Grund ihres Erfolgs halten, die Realität ist – aber das ist nicht so. Bei manchen Familien sagen Sie sich: *Ich weiß, warum es bei denen funktioniert. Bei dem Ehepaar stimmt die Chemie. Wäre das bei uns der Fall, hätten wir auch so eine funktionierende Ehe.* Über andere Familien denken Sie: *Schau dir ihre Eltern an. Schau dir ihre Großeltern an. Sie haben ja schon einen großartigen familiären Hintergrund!* Wenn Sie über diese Faktoren nachdenken, sagen Sie sich: *Das ist es, was eine erfolgreiche, glückliche, Gott ehrende Familie ausmacht.* Doch wie gesagt: Unsere Wahrnehmung entspricht nicht immer der Realität. Jede Familie, die Sie respektieren und bewundern, hat auch ihre ganz eigenen Probleme.

Aber im Zentrum jeder erfolgreichen Familie steht eine unerschütterliche Hingabe. Diese Familien haben sich verpflichtet, mit Gottes Hilfe das Leben zusammen zu meistern. Lassen Sie uns einige Stellen anschauen, in denen Jesus uns etwas über Hingabe sagt, und wir wollen untersuchen, wie er mit Menschen umging, die behaupteten, Hingabe zu haben, sie aber in Wirklichkeit nicht hatten.

Beziehen Sie Stellung

Vor einer großen Menschenmenge sagte Jesus einmal: „Wenn jemand zu mir kommt und hasst nicht seinen Vater und die Mutter und die Frau und die Kinder und die Brüder und die Schwestern, dazu aber auch sein eigenes Leben, so kann er nicht mein Jünger sein“ (Lukas 14,26). Alles, was weniger als hundertprozentige, radikale Hingabe an Christus ist, ist gar keine Hingabe. Sie sagen: „Was meint er damit, dass man Vater und Mutter *hassen* soll?“ In Matthäus 10,37 wählte Jesus gegenüber seinen zwölf Jüngern etwas andere Worte: „Wer Vater oder Mutter mehr liebt als mich, ist meiner nicht würdig; und wer Sohn oder Tochter mehr liebt als mich, ist meiner nicht würdig.“ Genau das ist Hingabe – Christus über alles zu stellen. Über meine Familie. Über meinen Ehepartner. Über meine Kinder. Einfach über alles.

Als Eltern von drei wundervollen Kindern haben Kathy und ich über die Spannung gesprochen, die diese Aussage für uns mit sich bringt. Wir lieben unsere Kinder so sehr, dass wir manchmal Sorge haben, wir könnten sie mehr lieben als Gott. Aber wir haben erkannt, dass es eine große Gefahr für unsere Kinder wäre, würden sie uns mehr bedeuten als unsere Beziehung zum Herrn. Ist nicht genau das der Grund, weshalb Gott mit Abraham und Isaak so verfuhr, wie er es tat? Gott sagte zu Abraham: „Du darfst nichts und niemanden mehr lieben als mich, deshalb nimm deinen Sohn mit auf den Berg und opfere ihn dort auf einem Altar.“ In 1. Mose 22 finden Sie die ganze Geschichte. Abraham stand vor einer Prüfung.

Vor ein paar Jahren, als ich eine Zeitlang von meinem Beruf freigestellt wurde und mit meiner Familie im Ausland war, hatte ich mit genau dieser Frage nach der Rangordnung zu kämpfen. Während ich jeden Tag viel Zeit mit unseren Kindern verbrachte, merkte ich, wie ich auf eine Weise an ihnen hing, die mein Leben mit dem Herrn hemmte. In diesem Sommer betete ich viel und kämpfte dagegen an, dass meine Familie mir mehr bedeuten könnte als Gott. Wir redeten und beteten darüber und schließlich traf ich eine Entscheidung.

In einem Gebiet im Norden Englands, bekannt als Lake District, nahm ich an zwei verschiedenen Tagen jeweils einen meiner Söhne mit auf eine mehrere Kilometer lange Wanderung auf einen hohen Berg (unsere Tochter war dafür damals noch zu klein). Dort oben konnten wir viele Kilometer weit sehen. Wo auch immer wir hinsahen, waren grüne Weiden, Steinmauern und kleine Schafherden. Die Ortschaft Coniston war unter einem wolkenverhangenen Himmel nur ein winziger Fleck in der Ferne. Die Landschaft war wunderschön. An diesem Ort setzte ich mich mit jedem meiner beiden Söhne auf einen Felsen und schlug die Bibel auf. Jedem las ich die Geschichte von Abraham und Isaak vor und ich versuchte ihnen nach besten Kräften zu erklären: „Mein Sohn, ich darf niemals zulassen, dass ich dich mehr liebe als Gott." Wir sprachen darüber, was das bedeutete, und knieten uns zusammen hin. Ich legte meine Hände auf sie und sagte zu Gott, dass sie nie zwischen mir und meiner Hingabe an Christus stehen sollten.

Auch Ihre Familie muss begreifen, was es bedeutet, dass Gott das erste und höchste Ziel Ihrer Hingabe sein möchte. Alles unterhalb dieses Maßstabs ist keine Hingabe. Geben wir Gott jedoch seinen rechtmäßigen Platz, kann sich dieselbe Art von Hingabe auch auf unsere Familie ausweiten. Wenn das geschieht, werden unfassbare Segnungen die Folge sein.

Ein gefährlicher Ansatz

Vor Kurzem aß ich zusammen mit einem Mann aus unserer Gemeinde, der bei einer unserer nettesten jungen Damen ernste Absichten verfolgte, zu Mittag. Ich hatte gehört, dass die beiden daran dachten zu heiraten. Ich freute mich also über die Gelegenheit, mit ihm zu reden und etwas über seine Meinung zum Thema „Hingabe" zu erfahren. Um es milde auszudrücken, ich war ziemlich schockiert, als er mir erzählte, dass sie Probleme miteinander hatten, weil er sich immer noch hin und wieder mit seinen ehemaligen Freundinnen traf. „Sie ist so unsicher", sagte er. „Sie kann einfach nicht akzeptieren, dass ich mich ab und zu mit meinen alten Freundinnen treffen möchte, um zu sehen, wie es ihnen geht. Es ist keine große Sache, wir treffen uns nur zum Abendessen oder so. Ich kann nicht verstehen, was bei ihr nicht stimmt."

„Aber ich kann dir sagen, was bei *dir* nicht stimmt", erwiderte ich. „Sie versteht eine ganze Menge mehr von Hingabe als du. Kannst du nicht erkennen, dass sich eine lebenslange Liebe auf *einen* Menschen beschränkt, dass sie eine völlige Hingabe an eine Person bedeutet? Und das ein Leben lang! Das bedeutet, du hast nur Augen für diese eine Frau. Das ist absolute, totale Hingabe." Später sagte ich der Frau, sie solle diesen Mann aufgeben, wenn er das nicht begreifen würde. Aber dank Gottes Gnade hatte er die Botschaft verstanden.

Ohne völlige Hingabe hat man nicht die nötige Kraft, um Feinde zu besiegen, Prioritäten durchzusetzen und Hindernisse aus dem Weg zu räumen. Diese Hingabe benutzt Gott, um unsere Beziehung zu ihm zu segnen und unsere familiären Beziehungen nach seinem Willen zu gestalten.

Überschlagen Sie die Kosten

Jetzt sagen Sie wahrscheinlich: „Das ist ganz schön hart. Völlige Hingabe an meine Familie hat ihren Preis." Sie haben recht, deshalb sollten Sie die Kosten Ihrer Hingabe überschlagen. In Lukas 14,27 erklärte Jesus: „Wer nicht sein Kreuz trägt und mir nachkommt, kann nicht mein Jünger sein." Das Kreuz in diesem Vers steht für all die Unannehmlichkeiten, die mit der Nachfolge Jesu verbunden sind.

Was sind das für Unannehmlichkeiten? Zunächst einmal ist das Leben ein täglicher Trott, den man jeden Tag durchzustehen hat. Ein weiteres Kreuz, das wir aufnehmen müssen, ist die Ablehnung, die sich aus der Nachfolge Christ ergibt. Wenn Sie in der völligen Hingabe leben, zu der uns Jesus auffordert, werden einige Menschen sagen: „Den kannst du vergessen!", und Sie müssen bereit sein, diese Reaktion von anderen zu akzeptieren. Und schließlich ist da noch das Kreuz, dass man einen neuen Herrn hat und für ihn lebt statt für sich selbst. Christus treu zu bleiben – auch in schweren Zeiten und Situationen – ist ein Kreuz, das jeder Gläubige tragen muss.

Ich könnte Ihnen noch viele weitere Beispiele nennen, die zeigen, dass es nicht leicht ist, wenn Sie Tag für Tag Ihr Kreuz auf sich nehmen. Aber nur so können Sie als Christ wirklich leben. Wenn ich mich weigere, mein Kreuz täglich zu tragen, kann ich kein Jünger Christi sein.

In Vers 28 macht uns Jesus das anhand eines Bildes deutlich: „Denn wer unter euch, der einen Turm bauen will (– ich baue keine Türme, aber es geht um den Gedanken, der dahintersteckt –) ‚setzt sich nicht vorher hin und berechnet die Kosten, ob er das Nötige zur Ausführung habe?" Das Wort „berechnen" bedeutet wörtlich „Kieselstein". Es wurde gebraucht, weil Stück für Stück abgezählt werden musste: „Für diesen Turm brauchen wir 229.478 Steine. Und 37.323 Teile aus Stahl. Haben wir so viel?" So sollen wir zählen, wenn wir berechnen, was uns unsere Hingabe kostet.

Kann ich den Lauf beenden? Kann ich Christus bis zum Ende nachfolgen? Kann ich mein Leben lang ein treuer Ehemann sein? Kann ich die Ehefrau sein, zu der Gott mich berufen hat? Bin ich bereit, meine Kinder in Gottes Sinn zu erziehen? Wenn ich es nicht bin, muss ich mir noch einmal Gedanken über meine Hingabe machen. Denken Sie daran: Wenn wir die Kosten überschlagen haben, besitzt Hingabe eine große Kraft. Bei einer Eheschließung gibt man vor der ganzen Gemeinde eine Erklärung ab, so wie ich es vor fast achtzehn Jahren getan habe, und sagt: „Ich will dich lieben und dir treu sein, bis dass der Tod uns scheidet, in guten wie in schlechten Tagen, in Reichtum und in Armut, in Krankheit und in Gesundheit." Das ist echte Hingabe! Aber bevor Sie sich für diese Art von Hingabe entscheiden, müssen Sie die Kosten dieser Hingabe überdenken.

Hingabe – das bestimmende Merkmal des Lebens

Ein von mir sehr geschätzter Mann sagte einmal: „Hingabe ist das bestimmende Merkmal im Leben eines Menschen." Wie wahr! Es gibt Menschen, die ihren Verpflichtungen treu sind, und andere, die es nicht sind. Zu welcher der beiden Personengruppen gehören Sie? Welche Art von Familie haben Sie? Stehen Sie zu den Verpflichtungen, die Sie eingehen?

Ein paar Familien aus unserer Gemeinde waren vor Kurzem auf einer Konferenz, auf der es um das Thema „Ehe" ging. Die Konferenz trug den Titel: „Ich will *noch immer.*" Was für ein großartiger Titel für eine Ehekonferenz! Jeder kann sich vor die Traugemeinde stellen und sagen: „Ich will." Aber zehn, zwanzig, dreißig, vierzig oder sogar fünfzig Jahre später zu sagen: „Ich will *noch immer*", darin liegt große Kraft! Diese Kraft fließt in das Leben Ihrer Kinder und weiter in das Ihrer Enkelkinder. Hingabe ist ein mächtiges Werkzeug zur Veränderung von Familien, wenn die Kosten überschlagen wurden.

Beenden Sie den Lauf

Kommen wir noch einmal zu dem Turm zurück. Jesus sagte weiter: „Damit nicht etwa, wenn er den Grund gelegt hat und nicht vollenden kann, alle, die es sehen, anfangen, ihn zu verspotten" (Lukas 14,29). Das Wort „verspotten" bedeutet „sich lustig machen" oder wörtlich „mit einem Kind spielen". „Billy, du hast es nicht geschafft, deinen Turm fertig zu bauen. Deine Pläne waren größer als deine Brieftasche. Du Dummkopf hast dich übernommen." Ist es nicht genau das, was passiert? Sie bekennen sich öffentlich zu Jesus und Ihre Familie sagt sich: „Es ist nur eine Phase, die sie durchmacht. Sie wird schon wieder zu sich kommen" – „Er wird schon wieder vernünftig werden." Ist es nicht so? 1. Johannes 2,19 sagt: „Von uns sind sie ausgegangen, aber sie waren nicht von uns; denn wenn sie von uns gewesen wären, würden sie wohl bei uns geblieben sein; aber sie blieben nicht, damit sie offenbar würden, dass sie alle nicht von uns sind." Ob jemand bis zum Ende durchhält, beweist, ob sein Glaubensbekenntnis echt ist.

Jesus Christus wünscht sich, dass wir beenden, was wir angefangen haben. In einer Welt, in der viele schnell aufgeben, sucht er nach Menschen, die etwas zu Ende bringen. Wussten Sie, dass in den USA jährlich 5 000 Säuglinge ausgesetzt werden? Von Menschen, die nicht durchhalten. Fast 30 Prozent der amerikanischen Kinder leben bei alleinerziehenden Müttern oder Vätern – ganz zu schweigen von all den Pflegefamilien oder den unzähligen Kindern, die in ein leeres Haus kommen, in denen Geld mehr zählt als Kinder. Menschen bringen das, was sie anfangen, nicht zu Ende. Hingabe ist ein mächtiges Werkzeug zur Veränderung von Familien.

Erfolgreiche Erziehung bedeutet nicht nur, die Kinder durch die Highschool oder das College zu bringen. Es tut mir regelrecht weh, wenn Leute sagen: „Nur noch ein paar Jahre und unsere Kinder sind erwachsen und verlassen das Haus." Was reden diese Leute da? Eltern zu sein ist eine Aufgabe für hundert Jahre. Ja, sie haben richtig gelesen – für ein ganzes Jahrhundert!

Sie sagen: „In hundert Jahren werde ich wohl kaum noch hier sein." – Nein, aber Ihre Kinder und Enkelkinder schon. Und Nachkommen, die Sie nie sehen und mit denen Sie nie reden werden. Aber sie kennen Sie! Sie werden davon hören, wie Sie Ihr Leben gelebt haben. Sie werden erfahren, welche Chancen Sie ihnen gegeben haben. Sie werden erfahren, ob Sie eine Person waren, die ihren Verpflichtungen nachgekommen ist oder nicht.

Ray Stedman, der mittlerweile nicht mehr lebt, war jahrelang Pastor der *Peninsula Bible Church* außerhalb von San Francisco. Ich habe ihn sehr geschätzt. Er hat Folgendes beobachtet:

Ich war in Häusern, in denen es kein Zeugnis für Gott gab, in denen er nicht einmal anerkannt wurde. Und dennoch waren es geordnete Häuser, moralisch und liebevoll – es war eine Freude, dort zu Besuch zu sein –, und die Kinder, die darin aufwuchsen, ... waren fähig, sich im Leben zurechtzufinden. Manche Leute sagen leichtfertig: „Was kann der christliche Glaube da noch Gutes hinzufügen?"

Die Antwort ist: Wenn Sie Nachforschungen anstellen, werden Sie sicherlich feststellen, dass es in früheren Generationen dieser Familien einen bedeutsamen christlichen Einfluss gab. Mit anderen Worten: Solche Familien, die selbst nicht im Glauben leben, zehren von dem Glaubenskapital einer früheren Generation.[1]

Unser Handeln beeinflusst unsere Kinder ebenso wie unsere Enkelkinder. Irgendetwas anzufangen ist kein Problem. Die Welt ist voller Leute, die irgendetwas beginnen. Zu Anfang sind sie noch voller Begeisterung, doch wenn diese einmal nachlässt, lässt auch ihr Engagement für die Sache nach. Ihre Familie wird erfahren, welche Kraft Hingabe hat, die Entscheidung, unter allen Umständen das zu beenden, was Sie begonnen haben.

Zahlen Sie den Preis

Sie denken vielleicht: *Wenn Hingabe eine so wichtige Sache ist, warum ist sie dann nicht bei mehr Leuten zu finden?* Das ist die große Frage, und die Antwort finden wir in dem Bild, das uns Jesus in Lukas 14,31 zum Thema „Hingabe" vor Augen führt: „Welcher König, der auszieht, um sich mit einem anderen König in Krieg einzulassen, setzt sich nicht vorher hin und ratschlagt, ob er imstande sei, dem mit zehntausend entgegenzutreten, der gegen ihn mit zwanzigtausend anrückt?"

Stellen Sie sich vor, ein Bote meldet dem König: „Zwanzigtausend Soldaten marschieren auf unsere Stadt zu!" Daraufhin fragt der König: „Wie viele Soldaten haben wir?" – „Zehntausend." Und der König denkt sich: *Okay, aber sind wir vielleicht stärker als sie?* Er fängt an, die Kosten zu berechnen, und überlegt, ob er bereit ist, den Preis zu zahlen, den seine Entscheidung erfordert. „Können wir gewinnen? Wie viele Tote wird es geben? Bin ich bereit, mit den Konsequenzen unserer Entscheidung zu leben?"

Vers 32: „Wenn aber nicht, so sendet er, während er noch fern ist, eine Gesandtschaft und bittet um die Friedensbedingungen." Wenn Sie nicht gewinnen können, bleiben Sie dem Kampf besser fern. Fakt ist: Könige, die ihr Reich nur so lange verteidigen, wie keine Unannehmlichkeiten, Leiden oder Kosten auf sie zukommen, haben ihr Reich nicht sehr lang. Ähnlich steht es mit Menschen, die Christus nur so lange nachfolgen, bis sie wegen ihres Glaubens abgelehnt werden oder ihre Integrität sie ihren Arbeitplatz kostet oder sie das Streben nach Heiligkeit leid sind. Familien, die nur so lange zusammenbleiben und wachsen, bis Schwierigkeiten auf sie zukommen, werden nie zu dem werden, was Gott aus ihnen machen will, und sie werden auch nie die Freude eines glücklichen Familienlebens erfahren.

Chris Spielman, ehemaliger Innenverteidiger des Footballteams *Buffalo Bills,* ist ein Mann, der dieses Prinzip verstanden hat. Chris

Spielman war als Footballspieler ein ziemlich zäher Bursche. Er war schnell und offensiv und wich vor niemandem auf dem Spielfeld zurück. In der Saison 1995 hatte er einen Riss im Brustmuskel, weigerte sich aber standhaft, ein Spiel auszusetzen. Mit fürchterlichen Schmerzen spielte er die ganze Saison durch, weil er seine Mannschaftskollegen nicht im Stich lassen wollte. 1998 wandte er dem Sport dann den Rücken zu. Er machte in der ganzen Saison nicht ein einziges Spiel, weil seine Frau an Brustkrebs erkrankt war. Während sie die Schmerzen der Chemotherapie durchlitt, stand er ihr bei und unterstützte sie, wo er nur konnte. Als sie aufgrund der Behandlungen Magenprobleme bekam, war er an ihrer Seite. Während der Untersuchungen und der Operation, der Schmerzen und der Ungewissheit legte er seine ganze Karriere auf Eis und kümmerte sich nur um seine Ehefrau.

Die Zeitungen und andere Leute fragten vorwurfsvoll: „Wie kannst du nur deine Mannschaftskameraden im Stich lassen? Sie brauchen dich und du weigerst dich zu spielen." Spielman erklärte, etwas anderes sei zurzeit wichtiger. „Was für ein Mann wäre ich, wenn ich mein Wort, das ich ihr gegeben habe, brechen würde? Ich wäre kein richtiger Mann."[2]

Er hatte recht. Das ist die Kraft der Hingabe. Absolute, völlige Hingabe bedeutet, zu seinem Wort zu stehen, selbst wenn es uns etwas kostet.

Warum stehen Familien nicht zu ihren Verpflichtungen?

Sie sagen jetzt vielleicht: „So eine Familie möchte ich. Diese Art von Hingabe will ich in meinem Haus. Ich sehe, dass darin große Kraft liegt. Aber warum ist es so schwer, diese Hingabe im Leben umzusetzen?"

Lassen Sie uns einen Augenblick darüber nachdenken. Warum stehen Menschen nicht zu ihren Verpflichtungen innerhalb ihrer Familien? Warum trennen sich Ehepaare? 21 Prozent der amerikanischen Männer und 11 Prozent der Frauen geben zu, ihrem Ehepartner schon einmal untreu gewesen zu sein. Kinder lassen ihre Eltern im Stich und umgekehrt. Und denken Sie an die unzähligen kleinen Versprechen, die gebrochen werden. Man sagt zum Beispiel: „Um 18:00 Uhr bin ich zu Hause – ganz bestimmt", oder: „Ja, ich werde bei deinem nächsten Spiel zusehen, mein Sohn. Versprochen!", und dann hält man sich nicht daran. Warum stehen Menschen nicht zu ihren Verpflichtungen innerhalb der Familie?

Anhand von Lukas 9 nenne ich Ihnen drei Gründe, von denen ich glaube, dass Sie Ihnen bekannt vorkommen werden.

Grund 1: Die Kosten wurden nicht überschlagen

Lukas schreibt: „Als sie auf dem Weg dahinzogen, sprach einer zu ihm: Ich will dir nachfolgen, wohin du auch gehst, Herr" (Lukas 9,57). Das klingt doch gut, oder? „Jesus, ich will dir nachfolgen, wohin du auch gehst!" In gewisser Weise muss man den Mann respektieren. Schließlich hat er gute *Absichten:* „Ich werde dir nachfolgen. Ich werde mich ganz deinem Programm unterordnen, Herr." Auch seine *Rolle* versteht er richtig: „Du bist der Chef; ich bin dein Angestellter. Du gehst voran und ich werde dir folgen." Auch das *Ausmaß* der Nachfolge schätzt er richtig ein: „Ich will dir nachfolgen, wohin du auch gehst – über Berge, durch Täler, Städte, Länder, Höhen, Tiefen, durch gute Zeiten und durch schlechte Zeiten." Wenn so eine Person in einer durchschnittlichen Gemeinde auftaucht, denkt man sich natürlich: *Den dürfen wir nicht gehen lassen!*

Beachten Sie jedoch, wie Jesus in Vers 58 auf die Aussage des Mannes reagiert: „Die Füchse haben Höhlen und die Vögel des Himmels Nester; aber der Sohn des Menschen hat nicht, wo er sein Haupt hinlegt." Er meint: „Du weißt nicht, was du da sagst.

Du hast die Kosten noch nicht berücksichtigt. Du willst mir überallhin nachfolgen? Weißt du denn, wo ich hingehe? Wusstest du, dass ich nicht einmal einen Schlafplatz für die Nacht habe?" Der Mann sehnte sich nach einem Leben in Hingabe, aber an die Kosten dachte er nicht. Und Christus wies ihn als seinen Jünger ab.

Womöglich befinden Sie sich zurzeit in einer Situation, in der Ihre Hingabe an Ihre Familie Sie eine Menge kostet. Vielleicht müssen Sie viel mehr Energie in Ihre Ehe stecken als zu anderen Zeiten. Oder Sie tragen eine schwere Last für eines Ihrer Kinder, und Sie fragen sich, ob es das alles wert ist.

Geben Sie nicht auf! Wenn Sie durchhalten, werden Sie Kraft daraus schöpfen, sollten Sie aber die Verpflichtungen gegenüber Ihrer Familie brechen, kann es sein, dass Sie sich nie davon erholen werden.

In der letzten Woche las ich einen Artikel über einen Mann namens David Berg, den Chuck Swindoll aus der *Los Angeles Times* wiedergegeben hat. Dieser Mann ging in ein Krankenhaus. Als er das Gebäude betrat, sah er aus, als könnte er Werbung für einen Fitnessklub machen. Er war 22 Jahre alt, 1,93 Meter groß und wog 92 Kilogramm. Er war ein Läufer und stemmte täglich Gewichte. In einem Monat sollte er sein letztes Studienjahr an der Universität von South Dakota beginnen, wo er sehr erfolgreich studierte. Er wollte Tierarzt werden. In den letzten Tagen seines Sommerurlaubs wollte er sich im Krankenhaus einer Operation unterziehen. Er hatte Schmerzen in der Leistengegend, die er dadurch hoffte loszuwerden. Die OP wurde als Routineeingriff angesehen, sodass der Arzt ihm sagte: „Machen Sie sich keine Sorgen! Im Handumdrehen sind Sie wieder wohlauf und können campen gehen." Er hatte nämlich für zwei Wochen später eine Reise geplant, doch die trat er nie an. In dem Artikel stand:

Zurzeit liegt David Berg in einem Krankenzimmer in Inglewood, Kalifornien, und sieht blass und schwach aus. Er wiegt nur noch

56 Kilogramm und ist so schwach, dass er sich nicht einmal mehr im Bett aufsetzen kann. Er steht unter dem Einfluss starker Beruhigungsmittel, die seine Muskelkrämpfe kontrollieren sollen, liegt flach auf dem Rücken und starrt mit verängstigt wirkenden blauen Augen in eine Welt, von der sein Neurologe sagt, er könne sie nur noch wie durch einen Schleier wahrnehmen ...

Alle sechs Stunden unterbricht eine Krankenschwester die Monotonie, indem sie ein schmales Plastikröhrchen mit einer Kanüle in seiner Magengegend verbindet, um ihm Flüssigkeit zuzuführen. Wenn er in seine Windel macht, muss er solange in seinen eigenen Ausscheidungen liegen, bis eine Krankenschwester in sein Zimmer kommt, da er nicht mehr sprechen und sich nur noch mit kleinen Gesten wie einem Augenzwinkern verständlich machen kann. ... Ein Narkosefehler hat Berg für ca. zwanzig Minuten von der Sauerstoffzufuhr abgeschnitten und schwere Hirnschäden verursacht.[3]

David Bergs 63-jähriger Vater gab seine Anwaltspraxis in Brentwood auf, um sich um seinen Sohn kümmern zu können; nun ist er der meistgesehene Besucher im Krankenhaus.

Davids Vater sagt, sein Sohn sei schlechter dran als ein Komapatient, da er sich seiner schrecklichen Lage völlig bewusst ist. Er ist davon überzeugt, dass der Tod eines Kindes für die Eltern leichter zu ertragen ist als diese Situation. „Der Tod hat eine Endgültigkeit und die Erinnerungen verblassen allmählich. Doch diese Tragödie setzt sich immer weiter fort. Sie geht weiter und weiter und weiter."[4]

Keiner von uns weiß, was hinter der nächsten Ecke auf uns wartet. Aus heiterem Himmel kommt etwas auf Sie zu und prüft die Stärke Ihrer Familienbande. Möglicherweise werden Sie zu einer Entscheidung gedrängt, die Sie sich momentan überhaupt nicht vorstellen können, so wie es bei Davids Vater war, der sich entschied, seine berufliche Laufbahn aufzugeben, um seinem kranken Sohn zu helfen. Vielleicht befinden Sie sich ja auch schon inmitten einer solchen Feuerprobe. Dann geben Sie nicht auf. Halten Sie durch – Tag für Tag und Schritt für Schritt. Wenn Sie kurz davor sind, das Handtuch zu werfen, dann richten Sie den Blick nach vorne, nehmen Sie die Kraft des Herrn in Anspruch, und erfüllen Sie die Verpflichtungen, die Sie Ihrer Familie gegenüber haben.

Das gibt Kraft! Das ist das Geheimnis der Familien, die Sie bewundern, jene Familien, denen es augenscheinlich so gut geht. Das garantiere ich Ihnen. Sie können es auch haben! Aber machen Sie sich nichts vor; überschlagen Sie vorher die Kosten.

Grund 2: In schweren Zeiten wurde der Preis nicht bezahlt

Warum stehen Menschen nicht zu ihren Verpflichtungen? Der zweite Grund ist: In schweren Zeiten wurde der Preis nicht bezahlt. Lesen Sie Lukas 9,59–60. Dieses Mal fordert Jesus einen Mann zur Nachfolge auf: „Er sprach aber zu einem anderen: Folge mir nach! Der aber sprach: Herr, erlaube mir, vorher hinzugehen und meinen Vater zu begraben. Jesus aber sprach zu ihm: Lass die Toten ihre Toten begraben, du aber geh hin und verkündige das Reich Gottes!"

Das ist doch eine verständliche Bitte: „Lass mich zuerst meinen Vater begraben und dann werde ich dir nachfolgen." Für Juden war die Beerdigung eines Familienangehörigen höchste Pflicht. Rabbis wurden sogar an heiligen Tagen vom Gottesdienst freigestellt, damit sie ein Familienmitglied beerdigen konnten. Allerdings stellt Christus nicht die Angemessenheit seiner Bitte infrage.

Jesus weist diesen Mann als seinen Jünger ab wegen der ersten vier Worte, die er sagte: „Herr, erlaube mir vorher." Diese Worte sind ein *Oxymoron*. (Ein Oxymoron ist die Kombination zweier sich widersprechenden Begriffe.) Die Begriffe „Herr" und „mir vorher“ passen einfach nicht zusammen. Selbst die größte menschliche Verpflichtung darf der Ergebenheit zu Christus nicht im Wege stehen. In ähnlicher Weise sollte keine menschliche Beschäftigung oder Verantwortlichkeit mit meiner Familie konkurrieren: keine Arbeit, keine Hobbys, keine Freunde, keine Ausbildung.

„Wow, das ist aber ein hoher Preis!“, sagen Sie vielleicht. Ja, das stimmt. Doch wenn Sie den Preis nicht zahlen, wird Ihre Familie darunter leiden. Denken Sie an Personen wie Dennis Rodman oder Howard Stern. Falls Ihnen die Namen nichts sagen, dann lassen Sie mich sagen, dass sie zwei der übelsten und krankesten Menschen in der Unterhaltungsbranche sind! Wir neigen dazu zu denken: *Sie sind nur so geworden.* Nein, das ist nicht wahr. Betrachtet man ihre Familiengeschichte, stellt man fest, dass jemand innerhalb ihrer Familien seinen Verpflichtungen nicht treu geblieben ist.

Dennis Rodman hat seinen Vater dreißig Jahre lang nicht gesehen, weil dieser mit zwei Frauen und deren fünfzehn Kindern auf den Philippinen lebt. Im Laufe der Jahre hat Rodmans Vater in mehreren Interviews damit angegeben, insgesamt 27 Kinder gezeugt zu haben, und laut einem kürzlich veröffentlichten Artikel in der *Newsweek* sagte er, es sei sein Lebensziel, dreißig Kinder in die Welt zu setzen. Allerdings hat er in den letzten dreißig Jahren nicht eines seiner Kinder gesehen![5] Wie verdreht sein Sohn Dennis ist, ist allen klar, die das Leben des früheren NBA-Stars betrachten. Der Grund dafür sind schlicht und einfach gebrochene Herzen in einer zerbrochenen Familie.

In einem Interview mit dem *Rolling-Stone*-Magazin ließ Howard Stern kurz und ungewohnt alle Vorsicht außer Acht und sagte: „Ich werde nie ein hohes Selbstwertgefühl haben. Ich halte mich nicht für einen guten Menschen. Als ich aufwuchs, sagte mein Vater immer zu mir, ich wäre ein Stück ... (An dieser Stelle folgte ein Kraftausdruck.) Ich glaube, ich werde einmal sterben, ohne gut über mich selbst gedacht oder mich in irgendeiner Weise für etwas Besonderes angesehen zu haben. Meine Mutter sagte mir immer, dass ich etwas Besonders sei. Doch jedes Mal, wenn sie zu mir sagte: ‚Du bist ein besonderer kleiner Junge', hörte ich sofort die Stimme meines Vaters: ‚Du (Kraftausdruck)! Du bist nichts weiter als ein Stück (Kraftausdruck)!'"[6]

Es ist nicht immer leicht, ein Vater zu sein. Es ist nicht immer leicht, eine Mutter zu sein. Es ist nicht immer leicht, ein treuer Ehepartner zu sein. Aber wir müssen den Preis zahlen, auch in schweren Zeiten. Tun wir es nicht, werden unsere Familien darunter leiden.

Grund 3: Der Lauf wurde nicht beendet

Der dritte Grund, warum Familien nicht zu ihren Verpflichtungen stehen, ist, dass der Lauf nicht beendet wurde. Lesen wir Lukas 9,61–62: „Es sprach aber auch ein anderer: Ich will dir nachfolgen, Herr; vorher aber erlaube mir ..." – da haben wir es wieder! –, „... Abschied zu nehmen von denen, die in meinem Hause sind. Jesus aber sprach zu ihm: Niemand, der seine Hand an den Pflug gelegt hat und zurückblickt, ist tauglich für das Reich Gottes." Das bedeutet Hingabe im Reich Gottes. Die Hand am Pflug, blicken und gehen wir nicht zurück. Dazu haben wir uns verpflichtet und daran werden wir den Rest unseres Lebens festhalten.

Vielleicht ist Ihr Problem nicht Scheidung, Entfremdung oder Aufgabe, dafür gehen Sie zu Hause möglicherweise schnell in die Luft, Sie entschuldigen sich nicht oder Sie bringen Fehler nicht wieder in Ordnung. Vielleicht wissen Sie gar nicht, *wie* man sich entschuldigt. Oder Sie stecken bis zum Hals in Arbeit oder sind von anderen Dingen so abgelenkt, dass Sie wenig Zeit für Ihren Sohn oder Ihre Tochter haben. Sie vernachlässigen womöglich Ihre Ehe und geben Ihrem Ehepartner nicht die emotionale Zuwendung, nach der er sich sehnt. Was ist Ihr spezielles Problem? Sie sind eine Verpflichtung fürs Leben eingegangen. Beenden Sie den Lauf!

Wie kann ich die Hingabe an meine Familie vertiefen?

Sie wollen wissen, wie Sie die Hingabe an Ihre Familie vertiefen können? Die nächsten vier Punkte sollen Ihnen dabei helfen.

Weihen Sie Ihre Familie

Das Wort „weihen" bedeutet „für heilig erklären" oder „für die Anbetung Gottes absondern". Vielleicht sollten Sie damit anfangen, Buße zu tun, weil Sie nur eine halbherzige, oberflächliche Hingabe für Ihre Familie haben. Tun Sie Buße, wenn Sie egoistisch und unaufmerksam waren und Ihre wichtigste Verantwortung nach Gott vernachlässigt haben – Ihre Familie. Gehen Sie zu Ihren Familienangehörigen und bitten Sie sie um Vergebung. Sagen Sie ihnen, was Sie getan oder versäumt haben. Sagen Sie: „Es tut mir leid. Ich habe mich als Mutter nicht so verhalten, wie Gott es von mir erwartet. Ich habe mich von anderen Dingen ablenken lassen", oder: „Ich habe meine Rolle als Ehemann nicht so ausgefüllt, wie Gott es will. Bitte, vergebt mir." Schämen Sie sich nicht, vor Ihrer Familie zuzugeben, dass Gott an Ihrem Herzen gewirkt hat.

Die Dinge können sich ändern. Gott *will,* dass sie sich verändern. Mit Ihnen kann es anfangen.

Reden Sie miteinander

Sprechen Sie mit Ihrer Familie über die Bedeutung von Hingabe. Versammeln Sie Ihre Lieben um sich und sagen Sie: „Wir sind die (Setzen Sie hier Ihren Familiennamen ein.). Wir stehen zu unseren familiären Verpflichtungen." Reden Sie mit Ihrer Familie darüber, was absolute, völlige Hingabe ist. Es wäre großartig, wenn Sie zueinander sagen könnten: „Absolute, völlige Hingabe – dafür steht unsere Familie. Ihr müsst euch nicht sorgen, ob Mama oder Papa da sind. Wir *sind* da! Wenn ihr mal mitbekommt, dass wir uns streiten, müsst ihr euch nicht darum sorgen, ob wir das Problem lösen, wir werden es mit Sicherheit lösen! Diese Verpflichtung gilt, solange wir leben!“

Sprechen Sie mit Ihrer Familie über Ihre Verpflichtung zur Hingabe, und beobachten Sie, wie Gottes verändernde Kraft in Ihrem Haus zu wirken beginnt.

Arbeiten Sie zusammen

Die Familie muss lernen zusammenzuarbeiten. Ein großer Teil der Hingabe ist ein Geben und Nehmen. Ich kann nicht immer meinen Kopf durchsetzen. Ich kann nicht alles machen, was ich will – nicht, wenn ich meine Traumfamilie haben möchte. Sie können nicht alles haben. Manchmal müssen Sie auch nachgeben.

„Okay, heute bleibe ich zu Hause. Du kannst etwas unternehmen.“ – „Ja, ich werde etwas früher nach Hause kommen.“ – „Okay, ich mache das am Samstag nicht. Wir sollten etwas als Familie miteinander unternehmen. Kein Problem. Die Familie kommt zuerst.“

Christus

Der letzte Punkt ist besonders wichtig: Christus ist entscheidend, wenn Sie an der Hingabe Ihrer Familie arbeiten wollen. Hier geht es nicht darum, dass Sie zu Hause mal etwas ausprobieren. Wenn Sie meinen, das hier sei eine Motivationsansprache zum Thema „Hingabe“, dann liegen Sie falsch. Aus sich selbst haben Sie nicht die Kraft, das zu tun, wovon ich spreche. Wenn es nicht aus einer engen, persönlichen Beziehung zu Christus kommt, wenn Sie sich ihm nicht als Ihrem Herrn vollkommen unterordnen, wird auch nichts draus.

Vielleicht denken Sie jetzt: „Ich bin nicht stolz auf das, was gewesen ist. Ich bin nicht stolz auf das, was ich gesagt und getan habe.“

Doch das Wunderbare ist: Gottes Gnade ist da. Es zählt nicht, was *gewesen ist,* sondern was *sein kann.* Durch Gottes Gnade können Sie ein Mensch werden, der es mit der Hingabe ernst meint.

Ein Gebet, das Sie nach oben zieht

Herr, bitte schenke meiner Familie aufs Neue deine Gnade und Liebe. Vergib mir, ich habe meine ewige Verantwortung, meine Familie zu führen, von anderen Dingen überschatten lassen. Schenke mir Glauben, damit ich erkennen kann, welche Kraft in der Hingabe liegt. Hilf mir, Herr. Ich brauche deine Kraft, um deinem Wort gehorsam zu sein und seine Wahrheiten umzusetzen.

Zeige mir die Bereiche, an denen ich in meinem Leben arbeiten muss. Mache mir klar, wie ich besser für meine Familie sorgen kann. Gott, lass mich nicht nur so tun als ob, sondern verändere mich durch deine Wahrheit, und forme mich zu dem Menschen, der ich nach deinem Willen sein soll. Zeige mir bitte, welche Kraft in der Hingabe liegt. Dies bitte ich im kostbaren Namen deines Sohnes Jesus Christus. Amen.

Überlegungen, die tiefer gehen

Im Philipperbrief sagt Paulus: Dass ihr „nichts aus Eigennutz oder eitler Ruhmsucht tut, sondern dass in der Demut einer den anderen höher achtet als sich selbst; ein jeder sehe nicht auf das Seine, sondern ein jeder auch auf das der anderen!" (Philipper 2,3–4). Welchen Einfluss hat es auf die Hingabe in einer Familie – zwischen Ehepartnern, zwischen Eltern und

Kindern und zwischen Geschwistern –, wenn wir eigennützig sind und jeder auf das Seine achtet? Wie haben Sie das in Ihren eigenen familiären Beziehungen erlebt? Wie wirkt sich dagegen Demut auf die Hingabe in einer Familie aus? Können Sie Beispiele aus Ihrem eigenen Familienleben nennen?

Anregungen zur Umsetzung

Die Personen, die Sie am besten kennen, wissen, ob Sie wirklich ein hingegebener Mensch sind. Wollen Sie wissen, was ich denke? Wenn Sie den Eindruck haben, Sie müssten mehr Hingabe in Ihrer Familie zeigen, dann fragen Sie die Menschen um Rat, die Sie am besten kennen. Sprechen Sie mit dem Ehepartner, den Eltern, Kindern, Geschwistern, den engsten Freunden. Bitten Sie sie um ihre ehrliche Meinung, wie es um Ihre momentane Hingabe bestellt ist, und lassen Sie sich von ihnen Verbesserungsvorschläge machen. Suchen Sie sich die zwei oder drei besten Ideen aus und fangen Sie direkt an.

Teil 3

Ein lebens-
veränderndes Wort

7. Liebe

Kapitel 8 // Wort 7: Liebe

Sie sind kurz vor der Ziellinie. Unser letztes Wort ist die Luft, die veränderte Familien atmen. Es ist der Boden, in dem die vorangegangenen sechs Wörter keimen und wachsen können. Das Wort ist „Liebe".

Ohne Liebe werden unsere Bemühungen um Veränderung unserer Familie auf die Nerven gehen und Konflikte verursachen. Aber mit der nötigen Liebe können unsere Anstrengungen beschwichtigend wirken, auch wenn der Weg zur Veränderung alles andere als glatt verläuft.

„Liebe" ist ein populäres Wort in unserer heutigen Welt, doch meistens wird es missverstanden und missbraucht. Nichtsdestotrotz ist Liebe ein kraftvolles Wort – und noch wichtiger: Es ist ein biblisches Wort.

Die Schrift hat so viel über die lebensverändernde Kraft der Liebe zu sagen, und auch darüber, was sie für eine zerbrochene Ehe, eine gestörte Beziehung oder eine ums Überleben kämpfende Familie tun kann. Die Bibel sagt uns:

- *Liebe ist eine Familienschuld, die durchaus positiv ist:*
  „Seid niemand irgendetwas schuldig, als nur einander zu lieben!"
  Römer 13,8

- *Liebe lässt unsere Familien klar denken:*
  „Sei es, dass wir vernünftig sind, ... Denn die Liebe Christi drängt uns ..."
  2. Korinther 5,13–14

- *Liebe nährt die Harmonie in der Familie:*
  „Wandelt ... mit aller Demut und Sanftmut, mit Langmut, einander in Liebe ertragend!"
  Epheser 4,1–2

- *Liebe verbindet unsere Familien:*
  „Damit ihre Herzen ... vereinigt [sind] in Liebe."
  Kolosser 2,2

- *Liebe bewahrt uns davor, uns nur auf die Fehler unserer Familienangehörigen zu konzentrieren:*
  „Vor allen Dingen aber habt untereinander eine anhaltende Liebe! Denn die Liebe bedeckt eine Menge von Sünden."
  1. Petrus 4,8

- *Gottes Liebe hilft uns, jedes Problem in der Familie zu überwinden:*
  „Aber in diesem allen sind wir mehr als Überwinder durch den, der uns geliebt hat."
  Römer 8,37

Es verwundert einen also nicht, dass 1. Korinther 13,13 die Liebe besonders hervorhebt: „Nun aber bleibt Glaube, Hoffnung, Liebe, diese drei; die Größte aber von diesen ist die Liebe."

Was ist besser als Liebe?

Ist es nicht sonderbar, dass viele Menschen, die ihre Familie in Ordnung bringen, neu ausrichten, wachsen lassen und verändern wollen, die Liebe außer Acht lassen? In 1. Korinther 13 werden fünf Dinge genannt, von denen viele meinen, sie könnten einen größeren Beitrag zur Veränderung ihrer Familie leisten als die Liebe:

1. Reden

Vers 1 sagt: „Wenn ich in den Sprachen der Menschen und der Engel rede, aber keine Liebe habe, so bin ich ein tönendes Erz geworden oder eine schallende Zimbel." Viele Menschen glauben das nicht. Sie meinen, Reden würde ihre Familie verändern. „Wir werden uns hinsetzen und darüber sprechen. Ich weiß ein paar Dinge, die du nicht weißt, und du wirst sie gleich erfahren. Wir müssen darüber reden. Wir müssen bla bla bla ..." Und so geht es weiter und weiter. Nicht dass Sie mich missverstehen; ich bin sehr dafür, dass Familien Dinge durchsprechen, aber wenn hinter Ihren Worten keine Liebe steckt, ist es egal, wie redegewandt Sie sind oder wie gut Sie etwas vermitteln können.

Eine Kommunikation, die nicht in der Liebe verankert ist, ist nicht nur erfolglos, sie ist sogar kontraproduktiv für das, was Gott in Ihrer Familie bewirken will.

2. Wissen

Wissen ist eine weitere Sache, die die Leute zur Veränderung ihrer Familie für wichtiger halten als Liebe. Beachten Sie Vers 2: „Wenn ich Weissagung habe und alle Geheimnisse und alle Erkenntnis weiß ..."

Schicken Sie Ihr Kind auf eine gute Schule, und lassen Sie es auch alles lernen, was es über Gott zu wissen gibt. Fördern Sie es, damit es gute Noten nach Hause bringt und vielleicht sogar ein Stipendium für eine bedeutende Universität erhält. Doch bedenken Sie: Sie können Ihren Kindern beibringen, wie Einstein zu denken und wie ein Pulitzerpreisträger zu schreiben, aber all das ist ohne Liebe nichts.

Es ist kein Geheimnis, dass ich ein „Wahrheitsfanatiker“ bin. Mich begeistert es, die Wahrheit zu wissen, sie auszusprechen und danach zu leben. Jesus selbst sagte: „Die Wahrheit wird euch frei machen“ (Johannes 8,32). Frei wofür? Frei dafür, Gott zu lieben! Frei dafür, einander zu lieben. Frei dafür, meine Familie zu lieben. Wenn die Wahrheit nicht mehr Liebe in meinem Leben und in meiner Familie hervorbringt, ist sie wertlos.

3. Glauben

Manche Menschen denken, der Glaube sei für ihre Familie wichtiger als die Liebe: „Und wenn ich allen Glauben habe, so dass ich Berge versetze ...“ Das ist ein wirklich großer Glaube! Glaube ist wichtig, daran besteht kein Zweifel. In Hebräer 11,6 lesen wir, dass es ohne Glauben unmöglich ist, Gott zu gefallen. Aber Sie können allen Glauben in der Welt besitzen und doch nichts sein ohne Liebe.

Als ich selbst noch Kind war, kannte ich Eltern, die dachten, alles würde sich einzig und allein um den Glauben drehen. Sie zwängten ihren Kindern ihren Glauben auf und vergaßen dabei die Liebe. Leider gehen viele dieser Kinder heute in keine Gemeinde mehr und haben sich der Welt zugewandt. Es dauert nicht lange, bis ein Kind fragt: „Wenn der Glaube an Gott eine so große Sache ist, wenn er dein Leben so viel besser macht, warum wird es dann in deinem Leben nicht sichtbar?“ Die meisten Kinder begreifen, dass lieblose Eltern keine intensive Beziehung zu Gott haben. Der Glaube kann nicht für sich selbst bestehen, er muss in der Liebe verwurzelt sein.

4. Mitgefühl

Sie sagen: „Wir sind eine sehr mitfühlende Familie. Wir geben den Armen zu Essen und wir geben unsere alte Kleidung dem Roten

Kreuz." Lesen Sie, was in Vers 3 steht: „Wenn ich alle meine Habe zur Speisung der Armen austeile ... aber keine Liebe habe, so nützt es mir nichts." Nicht einmal Nahrungsspenden für Arme oder die Unterstützung alleinerziehender Mütter oder Väter oder Geldspenden nach Afrika werden Auswirkung auf Ihre Familie haben, wenn es Ihnen zu Hause an Liebe fehlt.

Mitgefühl allein wird Ihre Familie nicht verändern.

5. Opfer

Manche Menschen meinen, Opfer seien wichtiger als Liebe. Sie sagen: „Ich gebe alles für meine Familie. Wissen Sie, wie viele Stunden ich wöchentlich arbeite? Können Sie sich vorstellen, wie sehr ich mich für meine Kinder einsetze? Wissen Sie, was ich alles tue, um meiner Familie die besten Chancen zu bieten?" Doch schauen Sie sich Vers 3 an: „... wenn ich mich selbst aufopferte, um verbrannt zu werden, aber keine Liebe hätte, nützte es mir nichts" (UELB). Das ist eine Anspielung auf den Märtyrertod in der frühen Gemeinde. Selbst wenn ich für meine Familie buchstäblich mein Leben geben würde, aber keine Liebe für sie empfände oder sie nicht wüssten, dass ich sie liebte, wäre es wertlos.

Ich sage Ihnen: Liebe ist das Allergrößte.

Liebe hat Kraft

Aus diesem Grund sagt 1. Korinther 13,8: „Die Liebe vergeht niemals." Vergessen Sie, dass Sie das schon einmal gehört haben, und lassen Sie diese Aussage auf sich wirken, als sei sie Ihnen ganz neu: Die Liebe vergeht niemals! Nie! Die Liebe vergeht nie und kann einen geliebten Menschen, dessen Herz kalt und hart geworden ist, zurückgewinnen. Die Liebe überwindet Jahre der Vernachlässigung. Sie bringt ein widerspenstiges, eigenwilliges Kind zurück zur Gemeinde des Herrn.

Welche Last Sie auch für Ihre Familie auf dem Herzen tragen – lassen Sie sich Gottes Liebe schenken, wenn Sie mit ihm zusammenarbeiten wollen. Liebe hat Kraft; sie vergeht nie.

Liebe ist Schutz

Liebe bedeutet außerdem Schutz. Lesen Sie 1. Johannes 3,11: „Dies ist die Botschaft, die ihr von Anfang an gehört habt, dass wir einander lieben sollen." Genau das hatte Jesus schon seinen Jüngern in Johannes 13,34–35 gesagt: „Ein neues Gebot gebe ich euch, dass ihr einander liebt, damit, wie ich euch geliebt habe, auch ihr einander liebt. Daran werden alle erkennen, dass ihr meine Jünger seid, wenn ihr Liebe untereinander habt." Johannes war also dabei, als Jesus diese Worte zum ersten Mal sprach. Er sagt deshalb im Grunde: „Diese Botschaft ist nichts Neues."

Trotzdem sagen heute viele Leute: „Ich bin da auf etwas ganz Neues gestoßen. Ich habe es herausgefunden. Das ist es, was jede Familie braucht." Sie schreiben Bücher mit Titeln wie *Die fünf Strategien zu diesem* und *Die neuen Schlüssel zu jenem.* Gott hat uns bereits mitgeteilt, was das Wichtigste ist, und das ist nicht neu. Jemand sagte einmal: „Wenn es neu ist, ist es nicht wahr; und wenn es wahr ist, ist es nicht neu." Oder wie König Salomo es ausdrückte: „Es gibt gar nichts Neues unter der Sonne" (Prediger 1,9). Wir brauchen nichts Neues, denn wir haben schon, was Jesus uns gegeben hat: „Denn dies ist die Botschaft, die ihr von Anfang an gehört habt, dass wir einander lieben sollen" (1. Johannes 3,11). Das ist der „neue" Plan: Liebt einander.

Ein anschauliches Bild

Biblische Liebe ist schützende Liebe. Johannes gibt uns ein anschauliches Bild von dem, was passiert, wenn wir die schützende Liebe verlassen: „Denn dies ist die Botschaft, die ihr von Anfang an gehört habt, dass wir einander lieben sollen. Nicht wie Kain sollen wir sein, der aus dem Bösen war und seinen Bruder ermordete" (1. Johannes 3,11–12). Sie erinnern sich sicher noch an Kain. Er war der Sohn von Adam und Eva – der erstgeborene Sohn, der seinen Bruder Abel tötete. Das Wort „ermordete" bedeutet wörtlich „schnitt seine Kehle durch". Kain ermordete brutal seinen jüngeren Bruder.

Man fragt sich: „Warum hat er das getan? Warum tötet ein Mensch ein Mitglied seiner Familie?" Nun, es ist traurig, aber wahr, dass Menschen das immer wieder tun – im wörtlichen wie im übertragenen Sinne. Wir lesen in der Zeitung „nur" von den tatsächlichen Morden, aber überall um uns herum sterben täglich Menschen innerlich in ihren Familien!

Als Pastor höre ich immer wieder Geschichten über Familien, in denen es Streit um das Erbe ihrer Eltern gibt. Und dann sind da noch die Kinder, die ihre Familien durch Rebellion auseinanderreißen. Warum machen Menschen so etwas? Die Antwort finden wir in 1. Johannes 3,12: „Und weshalb ermordete er ihn? Weil seine Werke böse waren, die seines Bruders aber gerecht." Unterschätzen Sie nie den Konflikt im Herzen eines Menschen, der Gott ablehnt. Unterschätzen Sie nie die Spannung, die dieser Mensch zwischen Ihrem Leben und seinem spürt. Schauen Sie sich Vers 13 an: „Wundert euch nicht, Brüder, wenn die Welt euch hasst." Das Wort „Welt" bezieht sich hier auf die Menschen in Ihrem Umfeld: Ihre Nachbarn, Ihre Kollegen, Ihre Familienangehörigen, die Christus nicht angenommen haben und nicht mit ihm leben.

Der teuflische Ursprung von familiären Konflikten

Schauen Sie sich an, in welche Richtung der Text von da an geht. Er liefert nicht nur den Grund, warum ein Mensch so etwas tut – „weil seine Werke böse waren, die seines Bruders aber gerecht" und weil „die Menschen die Finsternis mehr geliebt (haben) als das Licht" (Johannes 3,19) –, sondern nennt auch den Ursprung des Bösen, des Konflikts. „Nicht wie Kain sollen wir sein, der aus dem Bösen war." Alles Böse in unserer Welt stammt letzten Endes vom Vater des Bösen, vom Teufel selbst. Der Teufel, der durch seinen Einfluss auf Kain die erste Familie in der Menschheitsgeschichte zerstörte, verfolgt heute noch dasselbe Ziel: die Zerstörung Ihrer Familie. Und er arbeitet daran, dieses Ziel zu erreichen.

Petrus warnte seine Leser: „Euer Widersacher, der Teufel, geht umher wie ein brüllender Löwe und sucht, wen er verschlingen kann" (1. Petrus 5,8). Aufgrund ihres eigenen Ungehorsams und weil sie sich nicht auf Gott verlassen, stehen manche Menschen in der Gefahr, verschlungen zu werden. Der Teufel will auch Ihre Ehe und Ihre Kinder „verschlingen". Er will sie für sich und für die Welt. Er will den Namen Christi in Verruf bringen. Das ist der Kampf, in dem jeder von uns steht.

Sie sagen wahrscheinlich: „Ich will nicht, dass meine Ehe zerstört wird!" Das ist gut! Wir meinen jedoch, den Teufel auf eine Weise davon abhalten zu können, die nicht dem Vorgehen Gottes entspricht. Wir ziehen eine Grenze, bleiben standhaft, erheben die Faust und treten für unsere Rechte ein. Der biblische Weg, der Weg, auf dem wir in dieser Welt mit Gott zusammenarbeiten, ist der Weg der Liebe. Das ist unser Schutz.

1. Mose 4 sagt uns, dass Gott ein Zeichen an Kain machte, der seinen eigenen Weg ging und den Rest seines Lebens in der Wüste umherwanderte. Der Weg Kains ist dem Weg der Liebe entgegengesetzt. Menschen, die den Weg Kains nehmen – den Weg des Hasses statt den der Liebe –, wandern noch immer in der Wüste umher und versäumen die guten Dinge des Lebens, die Gott uns

geben möchte. Wollen Sie Gottes Schutz für Ihre Familie? Wenn wir die Menschen lieben, die uns hassen, wenn wir die andere Wange hinhalten, wenn wir die zweite Meile gehen, vermeiden wir es, so wie Kain zu leben. Wir entscheiden uns für den Weg der Liebe und erfahren Gottes Schutz für unsere Familie.

Liebe ist der Beweis

Liebe ist auch ein Beweis. In 1. Johannes 3,13–14 heißt es: „Wundert euch nicht, Brüder, wenn die Welt euch hasst. Wir wissen, dass wir aus dem Tod in das Leben hinübergegangen sind, weil wir die Brüder lieben." Wer sind „die Brüder"? Gemeint sind unsere Brüder und Schwestern in Christus – in der Gemeinde und zu Hause. Es sind die Menschen, gegenüber denen wir eine langfristige Verpflichtung eingegangen sind – die Verpflichtung, sie zu lieben, egal, was passiert, in guten wie in schlechten Zeiten, und weiter mit ihnen gemeinsam durchs Leben zu gehen. Menschen, die sich zu so etwas verpflichten, beweisen etwas.

Erkennen Sie in Vers 14, was es ist? „Wir wissen, dass wir aus dem Tod in das Leben hinübergegangen sind." Die Liebe, über die in dieser Stelle gesprochen wird, drückt sich in kontinuierlichem Handeln und Lieben aus. In Lukas 6,32 sagte Jesus, dass es keine große Sache sei, wenn wir nur die Menschen lieben, die uns lieben. Dasselbe tun die Sünder! Etwas Besonderes ist es hingegen, wenn Sie Menschen lieben können, von denen Sie gehasst werden, wenn Sie Menschen lieben können, die Sie ausnutzen, wenn Sie Menschen lieben können, von denen Sie links liegen gelassen werden. Das beweist, dass Sie das Ausmaß der Liebe Christi für Sie begriffen haben und vom Tod zum Leben übergegangen sind.

Hass ist Mord

In Vers 15 lesen wir: „Jeder, der seinen Bruder hasst, ist ein Menschenmörder, und ihr wisst, dass kein Menschenmörder ewiges Leben bleibend in sich hat." Warum ist Hass mit Mord gleichzusetzen? Weil Gott auf das Herz sieht, nicht nur auf das, was Sie tun. Er weiß, was er sieht, und er sieht alles. Wenn Sie jemanden in Ihrem Herzen hassen, wären Sie theoretisch in der Lage, ihn zu töten – es sei denn, Sie wüssten nicht, wie, oder Sie hätten keine Gelegenheit dazu oder Sie hätten Angst vor dem Gefängnis.

Gott sagt: „Für mich *ist* es so, als würdest du ihn töten. Ich sehe nicht auf das, was du *tust;* das muss ich auch nicht. Ich sehe darauf, was du *bist* und was du *fühlst.*" Wenn Ihr Herz mit Hass erfüllt ist, sind Sie ein Mörder. Und kein Mörder hat ewiges Leben.

Das führt unweigerlich zu der Frage: Kennen Sie Jesus wirklich? Haben Sie sich von Ihrer Sünde abgewandt und Christus in Ihrem Leben aufgenommen und seine Vergebung empfangen? Haben Sie eine persönliche Beziehung zu ihm? Wenn das der Fall ist, dann hassen Sie die Menschen nicht. Es sollte nicht einen einzigen Menschen geben, den Sie persönlich kennengelernt haben, den Sie nicht umarmen könnten, wenn er sich in diesem Moment neben Sie setzt.

Sie sagen: „Menschen haben mich verletzt." Auch mich haben Menschen verletzt, und ich musste intensiv dafür beten, um mit ihnen gut auszukommen. Das sollten Sie auch tun: beten; denn so können Sie nach der Liebe leben.

Nimmt Ihre Liebe zu?

Unauslöschliche, unbesiegbare, unaufhaltsame Liebe ist der Beweis, dass Sie den Erlöser wirklich kennen. In Vers 16 steht:

„Hieran haben wir die Liebe erkannt, dass er für uns sein Leben hingegeben hat; auch wir sind schuldig, für die Brüder das Leben hinzugeben." Wenn Sie Christus wirklich kennen, wird Ihr Leben zunehmend durch Liebe charakterisiert.

Wachsen Sie in der Liebe? Sie sagen: „Ich habe nicht viel Liebe zu geben. Ich stamme nicht aus einer Familie, in der Liebe gezeigt wurde." Nun gut, jetzt aber sind Sie in Christus. Hat Ihre Fähigkeit zu lieben zugenommen? Treffen die folgenden Aussagen auf Sie zu?

1. *„Ich liebe mehr Menschen als früher."*
   Von wie vielen Menschen könnn Sie sagen, dass Sie sie lieben? Denken Sie eine Minute darüber nach. Ist die Zahl größer geworden, seitdem Sie ein Nachfolger Jesu Christi sind? Können Sie ehrlich sagen: „Ich liebe die Menschen, die in meiner Straße leben, und ich liebe alle meine Arbeitskollegen? Ich tue alles, was ich kann, um ihnen zu dienen, auch wenn sie es nicht immer verstehen, weil sie eine Schutzmauer um sich herum aufgebaut haben. Meine Liebe für meine Familie nimmt zu. Früher habe ich meine Schwiegereltern nicht geliebt, aber ich bin in Christus gewachsen, und jetzt hat sich etwas verändert." Genau darum geht es im Leben als Christ. Wir singen nicht nur ein paar fromme Lieder oder lernen Bibelverse auswendig. Wenn Sie sich dem Herrn ausgeliefert haben, dann nimmt Ihre Fähigkeit zu lieben zu. Und das bedeutet, mehr Menschen zu lieben als zuvor.

2. *„Ich liebe mehr Menschen, die anders sind, als früher"*
   Wir haben in unserer *Harvest Bible Chapel* Menschen aus vielen verschiedenen Volksgruppen, Kulturen und wirtschaftlichen Verhältnissen. Was für ein fantastisches Bild vom Reich Christi, in dem alle eins sind in ihm! Oft bete ich, dass die ethnische und kulturelle Vielfalt unserer Gemeinde die der

umliegenden Stadtviertel übertrifft. Wir wollen als ein Ort bekannt sein, an dem Menschen geliebt werden, nicht als ein Ort, an dem Menschen angestarrt und nach ihrem Äußeren (das Gott egal ist) beurteilt werden. Das ist die Welt, nicht das Reich Christi. Machen Sie in diesem Punkt Fortschritte? Können Sie heute mehr Menschen lieben, die anders sind als Sie, als früher? So sollte es sein.

3. *„Meine Liebe ist dauerhafter als früher.“*
Sie sagen: „Als ich noch nicht so lang Christ war, konnte ich andere nur eine bestimmte Zeit lang aushalten; irgendwann dachte ich dann: *Mit dem bin fertig!*“ Vielen im Leib Christi geht es so. Ein Pastor sucht sich eine neue Gemeinde und die Glieder tun es ihm gleich. Wie traurig! Was könnte besser sein, als in das Gesicht eines Menschen zu sehen, den Sie schon viele Jahre lang lieben, und zu sagen: „Ich liebe dich noch immer, Bruder! Und du liebst auch mich noch. Wir sitzen beide im selben Boot.“ Genau so ist die Liebe Christi – dauerhaft.

Stellen Sie zu Hause den Beweis an

Wenn Sie das sagen können, beweisen Sie, dass Sie vom Tod zum Leben übergegangen sind und dass Sie den kennen, der sein Leben fur Sie gegeben hat. Liebe ist der Beweis. Und diese Art von Liebe wird dringend benötigt – in unseren Ehen und bei unseren Kindern.

Sie können Ihren Arbeitsplatz wechseln – das kommt immer wieder vor. Sie können Ihre Nachbarschaft hinter sich lassen. Wenn Sie sich über Ihre Nachbarn ärgern, können Sie schlicht und einfach in ein anderes Stadtviertel ziehen. Und sosehr es mich schmerzt, es zuzugeben: Sie können sogar Ihre Gemeinde wechseln, obgleich ich niemals dafür bin. Aber Ihre Familie können Sie nicht wechseln.

Wenn es jemals einen Ort gegeben hat, an dem Ihre Liebe wachsen muss, dann ist es Ihr Zuhause. Wie sonst wollen Sie es bis an Ihr Lebensende schaffen? Sie bekommen keine andere Frau! Ihren Mann haben Sie Ihr Leben lang! Sie denken: *Sicher wäre ich glücklicher, wenn ich mich nach jemand anderem umsehen und so Schadensbegrenzung betreiben könnte.* Sie machen sich etwas vor! Diese Entscheidung wird Ihnen mehr Schmerzen bringen, als Sie sich überhaupt vorstellen können, und sie wird geliebte Menschen verletzen. Halten Sie bis zum Ende durch. Bleiben Sie in der Liebe. Beweisen Sie mit Ihrem Leben, dass Sie Jesus Christus wirklich kennen. Halten Sie an dieser Person und an Ihrer Beziehung zu ihr fest.

Seien Sie demütig, und sagen Sie Ihrem Partner, dass es Ihnen leidtut. Fangen Sie noch einmal neu an. Gehen Sie auf die Knie, und beten Sie dafür, dass die Liebe Christi Ihre Ehe, Ihr Zuhause und alle Ihre Beziehungen durchdringt.

Liebe ist praktisch

Das, worum es hier geht, sind keine Luftschlösser. Das ist so real, wie es nur sein kann. Liebe ist praktisch.

Lesen Sie, was in 1. Johannes 3,17 steht: „Wer aber irdischen Besitz hat und sieht seinen Bruder Mangel leiden und verschließt sein Herz vor ihm, wie bleibt die Liebe Gottes in ihm?" Können Sie sich das hier beschriebene Bild vorstellen? Angenommen, Sie sehen einen obdachlosen Mann am Straßenrand liegen. Er versucht, Ihnen in die Augen zu blicken, und sagt etwas wie: „Können Sie mir helfen? Haben Sie ein bisschen Geld für mich? Würden Sie mir bitte etwas geben?" Was tun Sie? Vielleicht sind Sie versucht,

Ihr Herz vor ihm zu verschließen und zu denken: *Wenn ich ihm Geld gebe, wird er es sowieso nur vertrinken. Wie kann ich sicher sein, dass er kein Betrüger ist? Höchstwahrscheinlich hat er die Hilfe seiner eigenen Familie abgelehnt. Warum sollte ich ihm helfen?* Diese Gedanken führen dazu, dass Sie Ihr Herz verschließen und ihm keine Liebe schenken.

Vor einigen Jahren hat der Herr mich in dieser Sache sehr angerührt. Seitdem habe ich beschlossen, dass ich – mit Gottes Hilfe – nie wieder an einem solchen Menschen vorübergehe, ohne ihm zu helfen, wenn ich etwas Geld bei mir habe. Nie wieder! Viele Menschen brauchen meine Liebe in diesem Leben, und ich darf es mir nicht erlauben, mein Herz zu verschließen, wenn Gott es immer mehr öffnen will. Ich muss stets bemüht sein, meine Fähigkeit zu lieben auf praktische Weise zu verbessern.

Vers 18: „Kinder, lasst uns nicht lieben mit Worten noch mit der Zunge, sondern in Tat und Wahrheit!" Vor Kurzem habe ich von einem Pastor in unserer Gegend gehört, der sich als Obdachloser verkleidete und sich am Sonntagmorgen auf den Bürgersteig vor seiner Gemeinde legte. Die Leute gingen an ihm vorbei in das Gebäude. Nicht einer sprach mit ihm. Als es Zeit war, stand er auf, ging zur Kanzel, nahm seine Verkleidung ab und begann zu predigen. Die Leute hörten so aufmerksam zu wie lange nicht!

Ich will nicht sagen, zu lieben bedeute nur, denen zu helfen, denen es so schlecht geht. Vielmehr will ich zum Ausdruck bringen: Entweder ist ihr Herz offen oder es ist verschlossen für das Konzept „Liebe". Denken Sie nicht, Sie könnten Gott täuschen. Er kennt die Wahrheit.

Wenn Ihr Herz für Liebe offen ist, werden Sie jede Gelegenheit in Ihrem Leben als Chance sehen, „nicht [nur] mit Worten noch mit der Zunge [zu] lieben, sondern in Tat und Wahrheit!"

Die Definition von Liebe

John Stott, ein britischer Pastor und Bibellehrer, schrieb: „Liebe ist die Bereitschaft, Dinge von Wert in unserem Leben aufzugeben, um das Leben anderer reicher zu machen." Was für eine großartige Definition! Etwas aufzugeben, das mir wertvoll ist, um das Leben eines anderen Menschen zu bereichern, das ist Liebe. Viele verstehen das nicht. Sie sagen: „Ich tue dies für dich, wenn du das für mich machst." So sieht es auch in vielen Ehen aus. Das Problem ist: Hört der Ehemann auf, seinen Teil zu erfüllen, wird auch seine Frau den ihren nicht mehr erfüllen. Liebe spielt dabei keine Rolle. Das Ganze gleicht vielmehr einem Vertragsverhältnis. Die Liebe sagt: „Ich führe nicht Buch darüber, was du tust. Ich versuche, dein Leben zu bereichern; ich opfere mich auf, damit dein Leben besser wird." Das ist Liebe!

Die praktischste Definition von Liebe ist diese hier: „Der andere kommt vor mir." Das ist Liebe. Ich muss mich um das sorgen, was *Sie* brauchen. Dabei ist es zweitrangig, ob Sie sich um das sorgen, was *ich* brauche oder nicht. Lassen Sie mich Folgendes sagen: Wenn Sie wollen, dass sich ein Mitglied Ihrer Familie um Ihre Bedürfnisse kümmert – fordern Sie nichts ein, bekommen Sie keinen Wutanfall, nörgeln Sie nicht herum –, erfüllen Sie zuerst Ihren Teil, und lassen Sie Gott durch Ihr Handeln wirken, um die andere Person von Ihrer Liebe zu überzeugen.

So handelt die Liebe. Sie macht weiter, wartet weiter, arbeitet weiter und vertraut auf Gott, dass er die nötigen Veränderungen in anderen Menschen herbeiführt.

Sprechen Sie die richtige Sprache der Liebe?

Gary Chapman, der Bestsellerautor von *Die fünf Sprachen der Liebe*, hat in seinen zwanzig Jahren als Berater festgestellt: „Die Liebe hat viele Dialekte, aber nur fünf Hauptsprachen." Anders ausgedrückt: Es gibt verschiedene Wege, den Menschen Liebe zu vermitteln. Sie können versuchen, jemanden zu lieben, aber wenn Sie nicht seine Liebessprache sprechen, könnten Sie ebenso gut Suaheli mit ihm reden. Er wird es einfach nicht verstehen. Und das kann zu Verwirrungen führen, besonders innerhalb der Familie. Ich gehe davon aus, dass die entscheidende Frage nicht die ist, ob Sie Ihre Kinder oder Ihren Ehepartner lieben, sondern die, ob diese sich geliebt *fühlen*. Können Sie sie mit Ihrer Liebe erreichen?

Entscheidend dafür, ob Ihre Liebe das Herz eines Familienangehörigen erreicht, ist, seine Sprache der Liebe zu *kennen*. Hier nun die fünf „Liebessprachen“:

1. *Bestätigende Worte.* Sie helfen manchen Menschen, sich geliebt zu fühlen. „Danke für das leckere Essen.“ – „Du siehst heute großartig aus.“ – „Ich habe dich sehr gern.“ – „Es ist ein großer Segen für mich, eine Frau wie dich zu haben!“ Menschen, deren Sprache der Liebe bestätigende Worte sind, bekommen durch Aussagen wie diese vermittelt, dass sie geliebt werden.

2. *Gemeinsame Zeit.* Das ist die Sprache der Liebe meiner Frau. Ich kann nette Dinge zu ihr sagen, so viel ich will, aber sie gibt mir zu verstehen: „Ich brauche Zeit. Schenk mir deine Aufmerksamkeit. Hör mir zu.“ Für Männer ist das nicht immer leicht. Ich musste im Laufe der Jahre schwer daran arbeiten. So oft wie möglich gehen wir zusammen aus, um alles andere auszublenden und uns nur auf einander zu konzentrieren.

3. *Kleine Geschenke.* Vielleicht sind Sie mit einer Frau verheiratet, deren Sprache der Liebe kleine Geschenke sind. Seien Sie nicht so knauserig und machen Sie sich Gedanken. Ein Geschenk sagt, dass Sie an den anderen gedacht haben, auch wenn Sie nicht bei ihm waren. Wie heißt es so schön? – Es ist nicht das Geschenk, sondern der Gedanke, der zählt.

4. *Taten.* Taten zeigen, dass man seine Familie unterstützt und sich um sie kümmert. Früh nach Hause kommen, bei der Kindererziehung helfen, ein Hemd bügeln, ein besonders nettes Essen herrichten. Für manche Menschen sind solche Dinge Ausdruck von Liebe.

5. *Körperliche Berührung.* Eine Umarmung, ein Kuss, Händchen halten, eine Berührung an der Schulter, eine viel sagende Geste ... All das hilft Ihnen, die Herzen Ihrer Familienmitglieder zu erreichen.

Nach jedem unserer Gottesdienste rede ich mit den Leuten, solange ich Zeit habe. Dabei habe ich viel über die Sprachen der Liebe gelernt. Man weiß nie, wie eine Person reagiert. Manchmal gehe ich auf jemanden zu und umarme ihn – und ernte Überraschung. Der andere ist wie versteinert und ich denke mir: *Hoppla, das war offensichtlich nicht seine Sprache der Liebe!* Andere hingegen reagieren positiv und erwidern die Umarmung. Es ist von Person zu Person unterschiedlich. Liebevolle Menschen passen sich der Sprache der Liebe der Person an, der sie helfen wollen.

„Kinder, lasst uns nicht lieben mit Worten noch mit der Zunge, sondern in Tat und Wahrheit" (1. Johannes 3,18). Liebe ist praktisch.

Liebe ist produktiv

Liebe führt dazu, dass sich in unseren Häusern etwas tut. Jeder kennt aus eigener Erfahrung, wovon wir in den Versen 19–20 lesen: „Hieran werden wir erkennen, dass wir aus der Wahrheit sind, und wir werden vor ihm unser Herz zur Ruhe bringen ... wenn das Herz uns verurteilt." Hat Ihr Herz Sie schon mal verurteilt? Das könnte dann in etwa so klingen: „Du bist zurzeit ein miserabler Christ! Was du da zu Hause gesagt hast, war übel", oder: „Wenn du ein echter Christ wärst, würdest du es nie erlauben, dass dir so ein Gedanke in den Sinn kommt. Denkst du wirklich, du bist so anders? Du hältst alle Leute in deiner Gemeinde zum Narren." Viele Gläubige haben solche Gedanken. Das ist Ihr Herz. Nicht der Heilige Geist verurteilt Sie, sondern ein schwaches, uninformiertes Gewissen.

Wenn Ihr Gewissen Sie anklagt, sagt die Bibel, „erkennen [Sie] hieran, dass [Sie] aus der Wahrheit sind." Woran erkennen Sie es? Daran, dass Sie „in Tat und Wahrheit" lieben. Ein Leben in der Liebe gibt uns die Zusicherung, die wir brauchen. Wenn Ihnen Ihr Herz das nächste Mal sagt: „Du bist ein furchtbarer Christ", erwidern Sie einfach: „Ich bin nicht das, was ich *sein könnte* oder was ich *sein sollte,* doch dem Herrn sei Dank, bin ich nicht mehr der, der ich einmal war. Ich bin ein Kind Gottes. Meine Fähigkeit zu lieben nimmt zu. Es ist ganz gleich, was du über mich sagst. Gott hat mir seine Liebe geschenkt. Ich bin auf dem Weg und mache Fortschritte."

Was Gott sagt, ist entscheidend

Wenn Ihr Herz noch immer nicht aufhört, Sie zu verurteilen, dann sehen Sie sich den letzten Teil von Vers 20 an: „*Gott (ist) größer ... als unser Herz und ... kennt (alles).*" Letzten Endes ist es unwichtig, was ich über mich selbst denke. Entscheidend ist, was Gott und sein Wort über mich sagen. Deshalb ist es so wichtig, dass wir Gottes Wort regelmäßig lesen – um zu erfahren, was es bedeutet, Christus nachzufolgen und in ihm zu wachsen. Wir müssen kein schwaches, uninformiertes Gewissen haben, das uns verurteilt; wir können ein wachsendes Verständnis von der Wahrheit besitzen.

Wenn bei Ihnen also das nächste Mal die Frage aufkommt: „Bin ich wirklich ein Christ?“, dann fragen Sie sich am besten gleich im Anschluss: „Wachse ich in der Liebe?“ Das ist das Entscheidende. Die Liebe ist das größte Gebot.

Römer 13,10 sagt sogar, dass die Liebe die Erfüllung des Gesetzes ist. Können Sie sich das vorstellen? Was für eine atemberaubende Aussage! Aber denken Sie darüber nach: Würden Sie jemanden bestehlen, den Sie lieben? Würden Sie Ehebruch begehen, wenn Sie Ihren Partner lieben? Würden Sie den Namen des Herrn, Ihres Gottes, missbrauchen, wenn Sie ihn lieben? Sie sehen: Die Liebe ist die Erfüllung des Gesetzes.

Das christliche Leben funktioniert wirklich

„Geliebte, wenn das Herz uns nicht verurteilt, haben wir Freimütigkeit zu Gott, und was immer wir bitten, empfangen wir von ihm, weil wir seine Gebote halten und das vor ihm Wohlgefällige tun“ (1. Johannes 3,21–22). Beachten Sie das enthaltene Muster:

- Je mehr ich liebe, desto mehr Freimütigkeit habe ich.
- Je mehr Freimütigkeit ich habe, desto mehr bete ich.
- Je mehr ich bete, desto mehr Gebetserhörungen erlebe ich.
- Je mehr Gebetserhörungen ich erlebe, desto mehr möchte ich für Gott leben.

Das christliche Leben funktioniert wirklich. Und alles fängt mit der Liebe an. Die Liebe führt zu Freimütigkeit, die Freimütigkeit zu Gebet, das Gebet führt zu Erhörungen, Gebetserhörungen zu mehr Gehorsam. Liebe ist der Motor von allem. Die Liebe ist produktiv.

Die Liebe hat oberste Priorität

Die Liebe hat allererste Priorität. Lesen Sie Vers 23: „Und dies ist sein Gebot: dass wir an den Namen seines Sohnes Jesus Christus glauben und einander lieben, wie er es uns als Gebot gegeben hat." Könnte es noch deutlicher sein?

Denken Sie einen Moment lang über das nach, womit wir uns in diesem Buch beschäftigt haben. Alles, *einfach alles,* entsteht aus der Liebe. Wie könnten Sie jemandem vergeben, wenn Sie ihn nicht lieben? Warum sollten Sie Ihre Kinder segnen oder Ihre Eltern ehren, würden Sie sie nicht lieben? Wahrheit ist der größte Verbündete der Liebe. Die örtliche Gemeinde ist der Ort, an dem Sie die Liebe zu anderen Menschen zum Ausdruck bringen. Und Liebe allein ist der Grund für unsere Hingabe.

Sie sagen: „Diese Art von Liebe besitze ich nicht." Es ist gut, dass Sie das zugeben können. Nur wenn wir anerkennen, dass wir diese Art von Liebe nicht haben, verstehen wir langsam, dass sie allein aus der Beziehung zu Christus entsteht. Das Kreuz Christi, das vollkommene Beispiel der Liebe, befähigt uns, ein Leben in der Liebe zu führen.

„Und dies ist sein Gebot, dass wir an den Namen seines Sohnes Jesus Christus glauben und einander lieben." – Streben Sie nach dieser Liebe für sich selbst und für Ihre Familie, und sie wird Sie verändern.

Ein Gebet, das Sie nach oben zieht

Danke, Herr, für das Kreuz der Liebe. Danke für deine von Nägeln durchbohrten Hände und Füße und für das Blut, das aus deiner Seite floss. Was für ein Bild von aufopfernder Liebe!

Herr, ziehe mich nahe an dein Kreuz, und erinnere mich daran, was es heißt, mich für andere einzusetzen. Vergib mir meine egoistischen, sündigen Verhaltens- und Denkweisen, und mache mich ganz neu zu einem Menschen, der liebt.

Herr, mache mich zu einem Menschen, der seine Familie von ganzem Herzen liebt. Gott, mache mich zu einem Menschen, der seinen Ehepartner von ganzem Herzen liebt. Hilf mir, nicht ständig Buch zu führen. Schenke mir ausdauernde Liebe, eine, die nicht nur hält, solange alles gut läuft, sondern auch dann, wenn es Probleme und Ärger gibt. Möge deine Liebe, die du am Kreuz bewiesen hast, in mir eine übernatürliche Fähigkeit bewirken, meine Familie zu lieben. Hilf mir, dass ich die Liebe als den verändernden Einfluss erkenne, der sie ist.

Herr Jesus, ich danke dir, dass du mein Vorbild bist. In deinem Namen bete ich. Amen.

Überlegungen, die tiefer gehen

Die Liebe ist der Beweis für echte Jüngerschaft. Der Apostel Johannes betont diesen Punkt in seinem ersten Brief immer wieder. Lesen Sie den ganzen ersten Johannesbrief durch, und notieren Sie sich die Verse, die sich auf dieses wichtige Thema beziehen. Fassen Sie Ihre Ergebnisse in ein oder zwei prägnanten Aussagen zusammen und vergleichen Sie sie mit Ihren eigenen Erfahrungen. Wie sehr entspricht Ihr Leben dem Maßstab Gottes in Bezug auf Liebe? Was können Sie tun, um die Authentizität Ihrer Nachfolge zu demonstrieren?

Anregungen zur Umsetzung

Lesen Sie noch einmal den Abschnitt über die fünf Sprachen der Liebe. Denken Sie über jedes Mitglied Ihrer Familie nach – über Ihren Partner, Ihre Kinder, Ihre Eltern, Ihre Geschwister. Wissen Sie, wer für welche Sprache der Liebe empfänglich ist? Wenn es Ihnen schwerfällt, die Sprache der Liebe eines Ihrer Familienangehörigen zu bestimmen, dann setzen Sie sich mit dieser Person zusammen und reden Sie darüber. Finden Sie heraus, auf welche Art und Weise diese Person geliebt werden möchte.

Haben Sie erst einmal die Sprache der Liebe jedes Einzelnen herausgefunden, dann schenken Sie jedem Mitglied Ihrer Familie in dieser Woche Ihre Liebe, so wie es jeder persönlich gerne hat. Überraschen Sie alle. Reißen Sie sie vom Hocker. Tun Sie etwas, was Sie noch nie zuvor getan haben. Und dann ... behalten Sie es bei!

Anhang // Beispiele für Briefe an Ihre Eltern

Am Ende von Kapitel 4 werden Sie in der Rubrik *Anregungen zur Umsetzung* aufgefordert, jedem Elternteil einen Brief zu schreiben, in dem Sie Ihrem Respekt Ausdruck verleihen. Zusätzlich zu den in diesem Kapitel enthaltenen Vorschlägen füge ich an dieser Stelle zwei Beispiele an. Es sind die Briefe, die ich vor ein paar Jahren meinen eigenen Eltern geschrieben und ihnen vorgelesen habe.

Für Lorna May Sherwood MacDonald

Liebe Mutter,
über mehrere Monate, nein, es waren Jahre, habe ich nach anerkennenden Worten für Dich gesucht, weil Du eine so wundervolle Mutter bist und mir Dein Bestes gegeben hast. Als Erwachsener erkennt man Dinge, die man als Kind nicht sieht, und diese Perspektive hat meine Achtung und meinen Dank für die Frau, die Gott als meine Mutter ausgewählt hat, nur vergrößert.

Du bist eine viel zu demütige Person, um dies selbst zu sagen, aber ich weiß, Du hast als Kind viele schwierige Situationen überstanden, denen ich mich nie stellen musste. Während ich in meiner ganzen Schulzeit Unterstützung von Euch erhalten habe, musstest Du die Schule verlassen, um Deinen Eltern zu helfen, den Lebensunterhalt der Familie zu verdienen. Ich erinnere mich, wie Du immer sagtest: „Sherwoods wissen, wie man arbeitet." Das hast Du immer gewusst, und Du weißt es noch, und Du hast mich gelehrt, harte Arbeit zu lieben und zu schätzen. Du hast noch ganz andere Hindernisse überwunden. Deine Eltern haben ihre Liebe nicht so emotional oder deutlich zum Ausdruck gebracht, wie sie es hätten tun sollen. Gott kennt den Grund dafür, aber Du hast das nicht als Ausrede benutzt. Du sagst immer, Du wusstest, dass sie Dich liebten. Auch ich wusste um Deine Liebe, aber darüber hinaus durfte ich sie hören und spüren. Deine Eltern mussten sechs Tage in der Woche arbeiten, um Eure Familie zu versorgen, und sie zogen jedes Jahr um. Ich hatte den Vorteil, dass meine Eltern immer da waren, ich Freundschaften schließen konnte, die von Dauer waren, und achtzehn Jahre im selben Haus und in derselben Gemeinde lebte. Du warst die Erste in deiner Familie, die Jesus ihr Leben gab, und danach hast Du deine Eltern zu ihm geführt. Ich hatte Eltern, die mir schon von Jesus erzählten, bevor ich gelernt hatte zu gehen. Mama, Du bist eine Überwinderin in einer Welt voller Menschen, die nur nach Ausreden suchen. Ich möchte Dir darin nacheifern.

Erinnerst Du Dich noch an die unzähligen Kinderbibeltreffen dienstags nach der Schule? Unser Keller war übervoll mit Kindern, die an der Flanelltafel Geschichten von Jesus sehen wollten. – Du bist eine großartige Lehrerin und Geschichtenerzählerin! Weißt Du noch, wie die Frauen aus der Nachbarschaft zum Kaffee zu uns kamen und wie Du einige von ihnen zu Christus geführt hast? Du hast Freundschaftsevangelisation betrieben, Jahre bevor sie in aller Munde war. Oder denk daran, wie Du mich zu Christus geführt hast – Du hast Dich vor meinem Bett hingekniet, aus Deiner Bibel vorgelesen und mit mir gebetet, während Du mich im Arm hieltest. Hast Du geweint?

Du hast nicht nur aus geistlichen Gründen um mich geweint, nicht wahr, Mama? Ich weiß, ich habe dich oft zum Weinen gebracht. Denke nur, wie sehr ich bemüht war, mich umzubringen – zumindest muss es den Anschein gehabt haben. Bevor ich zwölf war, lag ich schon zehnmal in der Notaufnahme und zu sieben Anlässen musste ich mit insgesamt 75 Stichen genäht werden. Ich brach mir das Handgelenk, das Schlüsselbein und die Nase – ein Wunder, dass Du mir nicht den Hals gebrochen hast! Weißt Du noch, wie Du beim Essen mit dem Messer nach mir geworfen hast? ... Oder wie Du den Tee über mich geschüttet hast? ... Oder wie Du mich ohne Essen auf mein Zimmer geschickt hast? ... Heute ergibt das alles einen Sinn für mich.

Körnige Suppe und überbackene Kartoffeln, Donuts und Erdnussbutterplätzchen, Popcorn und Apfelchips, Zeitungen austragen, Baseball-Teams und Basketball, Jugendfreizeiten, Schulveranstaltungen und Geburtstagsfeiern. – Vier Jungs, und Du hast das alles geschafft. Ich habe mich immer gefragt, warum Du sonntagnachmittags geschlafen hast. Heute weiß ich es.

Denke daran, wie ich Dich oft zum Lachen gebracht habe, manchmal auch zum Schimpfen, aber immer zum Beten. Du warst nie vollkommen, aber immer authentisch und hast Heuchelei über alles gehasst. Ich hoffe, dass ich in diesem Punkt so bin wie Du.

Du hast mich gut erzogen, mir vieles beigebracht, hast nach dem, was du sagtest, auch gelebt, und mich meinen Weg gehen lassen. Jetzt, wo wir nicht mehr so nahe beieinander leben, erlebe ich noch immer Deine Liebe, Aufmunterung, Unterstützung und Deine Gebete.

Ich erweise Dir meinen Respekt und meine Ehre, Mama! Du bist eine meisterliche, rekordverdächtige Mutter – dank Deines Glaubens. Ich höre Dich sagen: „Zu seiner Ehre, James", und ich sage amen.

Für Verne Hubert MacDonald

Lieber Vater,

Epheser 6,2 gebietet uns: „Ehre deinen Vater und deine Mutter." Seit dem Tag, an dem ich meinen Brief für Mama geschrieben habe, habe ich nach ähnlichen Worten für Dich gesucht und auf den richtigen Zeitpunkt gewartet, sie dir vorzutragen. Heute ist der Tag gekommen.

Was ein Mann ist und wird, hat er zum großen Teil seinem Vater zu verdanken, und wenn ich so auf mein „Erbe" sehe, blicke ich über Dich hinaus. Ich sehe einen Großvater und einen Urgroßvater, die jetzt in der Gegenwart des Herrn sind, und ich preise Gott, dass ich von Männern abstamme, die Gott liebten und treu dienten und in ihm einen Zufluchtsort fanden.

Papa, meine Gedanken sausen mir nur so durch den Kopf, wenn ich an all das denke, was Du mir gegeben hast. Danke, dass Du so hart für uns gearbeitet hast: Du hast Cola-Kisten getragen, Autos gekauft und wieder verkauft, im Ferienkurs unterrichtet und Deinen Magister gemacht, während Mama bei uns zu Hause sein konnte.

Danke, dass Du Deine Liebe zur Geschichte an mich weitergegeben hast. Du hast uns Erklärungstafeln an historischen Plätzen vorgelesen, während wir gähnten und herumzappelten. Du durchstöbertest alte Familienhäuser auf der Suche nach antiken Flaschen, hast mich mit Büchern über die Tage der Pioniere beladen und mich während der Weihnachtsferien zur Arthur-Ford-Schule gebracht, sodass ich mein Projekt über James Watt durchziehen konnte.

Danke, dass ich auch mit der Note „befriedigend" nach Hause kommen durfte, obwohl Du so viel mehr wolltest und meinen Willen zum Lernen gefördert hast, bis ich bereit war, ihn zu gebrauchen. Weißt Du noch, wie Du mich zum Ferienkurs gefahren und für mich mit meinen Lehrern gekämpft hast, als Du meintest, dass wir zu viele Hausaufgaben bekommen hatten? Kannst Du Dich noch an den Tag erinnern, als wir uns über den Lesesaal stritten – „ein angehender Anwalt" dachtest Du? Erinnerst Du Dich noch, wie Du ruhig geblieben bist und zugehört hast, als ich eines Abends meine Mathematikbücher gegen die Wand geworfen und herumgebrüllt habe?

Danke, dass Du mich gelehrt hast, meine Frau zu lieben: indem Du uns allen Deine Liebe zu Mama gezeigt hast; indem Ihr Euch vor unseren kleinen Kinderaugen gestritten und angeschrien und geküsst und wieder versöhnt habt; indem Du uns ganz klar gemacht hast, dass Deine Liebe zu Mama an erster Stelle stand;

indem Du darauf bestandest, dass wir sie mit demselben Respekt behandelten, wie Du es getan hast. Ich werde nie den Tag vergessen, als ich Mama anschrie und aus dem Haus lief, und wie Du mich, als ich wieder nach Hause kam, zurechtgewiesen und mir aus der Bibel vorgelesen und zu Gott gebetet hast, dass er mein Herz verändern möge.

Danke für die altbackenen Donuts am Samstagabend und dafür, dass Du uns beigebracht hast, dass man alles anziehen kann, was man will, wenn man weiß, wer man ist. Danke für Camping und Kabrios, für Fangen spielen im Hinterhof, für Bauprojekte, für Viehauktionen und das Cottage, für körperliche Züchtigung und fürsorgliche Gespräche, dafür, dass Du Dinge beim Namen genannt und dafür, dass Du uns zum Essen nach Hause gerufen hast.

Danke für die geistliche Führung unserer Familie. Danke, dass Du uns sonntags und mittwochs zur Gemeinde mitgenommen hast, danke für die Gesangsleitung in der *Thamesford Baptist Church,* für die Sonntagsschulleitung, für die Teilnahme an Säuberungsaktionen in der Gemeinde und dafür, dass Du vor der ganzen Gemeinde standest, während Mama zitternd *Through It All* und *The King Is Coming* sang. Danke, dass Du die Gemeinde liebst.

Papa, ich könnte den ganzen Tag weiterschreiben, was Du mir alles gegeben hast, aber ich muss jetzt die Truthahnfüllung zubereiten. Ein letztes Dankeswort sagt alles: Danke, dass Du Dich nicht auf Religion und Rituale gestützt hast, sondern auf den lebendigen Gott. Danke, dass Du Jesus Christus auf zunehmende, persönliche, authentische, treue und ansteckende Weise liebst. Danke, dass Du diese Liebe zu Christus Deinen Söhnen und mittlerweile Deinen Enkelkindern vermittelt hast. Ich erweise Dir meinen Respekt und Ehre, Papa, denn du bist doppelter Ehre würdig. Ich kenne keinen Mann, den ich lieber meinen Vater nennen würde als Dich. Und ich bete, allein um der Ehre Christi willen, dass ich für meine Kinder halb das Vorbild sein kann, das Du für mich warst und bist.
Dein Sohn James

Quellenverzeichnis

Kapitel 1

[1] „Family" auf der Website www.barna.org/cgi-bin/pagecategory.asp?categoryID=20. Zugang am 5. Dezember 2001.
[2] „Born Again Adults Less Likely to Co-Habit, Just As Likely to Divorce", 6. August 2001 auf der Website www.barna.org. Zugang am 5. Dezember 2001.
[3] Fast Company, Juli/August 1999, S. 112.
[4] Marlin Vis, „Battered into Submission"; im Internet auf „search illustrations"; www.preachingtoday.com. unter der Kategorie „Domestic Violence."
[5] „H.H.S. Fatherhood Initiative", Informationsblatt von H.H.S., 18. Juni 1999. Wie zitiert auf „search illustrations"; www.preaching-today.com. unter der Kategorie „Fathers Needed."
[6] „National Center for Health Statistics", In Focus, 10. November 1995. Zitiert auf „search illustrations"; www.preachingtoday.com unter der Kategorie „Births to Single Women."
[7] Pete Hartogs, „Study: Rules Improve Parent-Child Relationship", www.cnn.com. Zugang am 21. Februar 2001.

Kapitel 2

[1] Robert Owens Scott, „The Practice of Forgiveness“, im Internet auf www.spiritualityhealth.com/newsh/items/article/item_2906.html. Zugang am 5. Dezember 2001.

[2] Gary Thomas, „The Forgiveness Factor", *Christianity Today*, 10. Januar 2000. S. 38.

[3] Ebd.

Kapitel 3

[1] Einen Großteil dieses Kapitels verdanke ich den Ideen aus dem Buch The Blessing von John Trent und Gary Smalley (Nashville: Nelson, 1986). (UNTEN AUF DER SEITE – A.d.Ü.)

[2] „Alumni Association News“, UCLA Monthly, März–April 1981, wie zitiert in The Blessing von John Trent und Gary Smalley (Nashville: Nelson, 1986), S. 46.

[3] Trent und Smalley, The Blessing, S. 47.

[4] Helen Colton, The Gift of Touch (New York: Seavien/Putnam, 1983), S. 102, wie zitiert bei Trent und Smalley, The Blessing, S. 48.

[5] Ross Campbell, How to Really Love Your Child (Wheaton, Ill.: Victor, 1977), S. 73, wie zitiert bei Trent und Smalley, The Blessing, S. 49

[6] S. Ted Fletcher, When God Comes Calling (Mobile, Ala.: Gazette Press, 2001).

Kapitel 4

[1] Dennis Rainey, zusammen mit David Boehl, *The Tribute and the Promise* (Nashville: Nelson, 1994), S. 39.

[2] Quelle unbekannt.

[3] Meine Gedanken wurden stark beeinflusst durch die Ausführungen von Dennis Rainey in seinem Buch *The Tribute and the Promise.*

Kapitel 5

[1] Obwohl Kopernikus einen besseren Zugang zur Wahrheit hatte, glaubte er dennoch, dass die Sonne das Zentrum des Universums war, was später widerlegt wurde.

[2] Erik Trinkhaus, „Pathology and the Posture of the La Chappelle-aux-Saints Neanderthal." *American Journal of Physical Anthropology* 67 (1985): 19–41. Dieser Artikel wurde auf der Website der Smithsonian Institution zitiert: www.mnh.si.edu/anthro/humanorigins/aop/aop-start.html.

[3] Wie zitiert in Francis A. Schaffer, *Complete Works*, Bd. 2 (Wheaton, Ill.: Crossway, 1982), S. 122.

Kapitel 7

[1] Ray Stedman, u.a., *Family Life* (Waco, Tex.: Word, 1973), S. 56–57.

[2] Rob Bentz, „A Linebacker's Tough Choice", *Men of Integrity*, 15. Januar 2001.

[3] Ralph Cipriano, „Downey Man Brain-Damaged During Routine Surgery, Huge Payment Can't Erase Medical Tragedy", *Los Angeles Times*, 1.–2. Juni 1985, S. 1.3; wie zitiert in Charles R. Swindoll, *Growing Wise in Family Life* (Portland, Ore.: Multnomah, 1988), S. 233–234.

[4] Ebd., S. 234.

[5] „Perspectives", *Newsweek*, 9. September 1996, S. 25; wie zitiert in Steve Farrar, *Anchor Man* (Nashville: Nelson, 1998), S. 1–2.

[6] R. Marin, „Interview with Howard Stern", *Rolling Stone*, 10. Februar 1994, S. 28ff.; wie zitiert in Steve Farrar, *Anchor Man*, S. 2.

James MacDonald

Veränderung

Geb., 320 Seiten

Wie geschieht Veränderung in unserem Leben? Unsere schlechten Gewohnheiten haben wir oft im Laufe von Jahren erworben und können sie nicht über Nacht ablegen. Aber wir können daran arbeiten, sie durch gute zu ersetzen - wie das gehen soll? Der Autor zeigt, wie man Missmut durch Dankbarkeit sowie Habsucht durch Zufriedenheit, Kritikgeist durch Liebe, Zweifel durch Glaube und Auflehnung durch Unterordnung ersetzt. Ein praktisches, erfrischendes und Mut machendes Buch. Mit einem Vorwort von Erwin Lutzer.

Best.-Nr. 273.824
EUR (D) 17,90 | EUR (A) 18,40 | SFR 26,50
ISBN 978-3-89463-824-1

James MacDonald

Ergriffen

Geb., 208 Seiten

Pastor und Autor James MacDonald behandelt auf seine erfrischende Art Abschnitte aus dem Buch Jesaja, die über Gottes Größe und Herrlichkeit reden. Er lädt dazu ein, unser oft kleines und schwaches Gottesbild zu korrigieren und uns ergreifen zu lassen von dem gewaltigen Gott, den der Prophet Jesaja uns vorstellt. Ein faszinierendes und beeindruckendes Buch!